하늘은 나에게

국립중앙도서관 출판예정도서목록(CIP)

하늘은 나에게 : 송다인 수필집 / 지은이: 송다인. -- 부산
: 두손컴, 2016
    p. ;    cm

ISBN 979-11-86005-52-1 03810 : ₩12000

한국 현대 수필 [韓國現代隨筆]

814.7-KDC6
895.745-DDC23                           CIP2016008683

송다인 수필집

하늘은 나에게

도서출판 두손컴

서시

### 하늘은 나에게

말초신경까지 진동을 일으켜
시인 이라는 이름표를 달아
줄기차게 쓰고 또 써 내려가
사색의 수필을 더듬게 하더니
우정의 꽃밭 속에서
늘 살아가라하더니
젖은 손이 되어
음식을 베풀라하더니
이제 일 적게 하고 귀한 자신이 되라며
고갤 들어 높은 하늘을 한 번 더 보라하고
고향바다를 항시 품에 껴안으라하고
산을 쳐다 보며 높이 오르라하고
태양을 향해 끝없이 도전하라하고
파도를 힘차게 맞부딪히라하고
물안개를 마음으로 바라보라하고
소나기를 흠뻑 맞으라하고
달을 지켜보며 온밤을 느끼라하고
별 따라 갈 길을 찾아 나서라하고
바람을 마시며 마주 맞으라하고
어둠이 오면 그냥 쉬어가라 한다.

## 책을 내면서

　첫 수필집 『하늘은 나에게』를 감히 세상에 내 놓습니다. 50여 편의 삶의 기록이라 할까요? 혼자이지 않기 위해 사람들을 만나고 서로 소통하고, 상생하면서 오늘도 나눔의 정을 쌓고 있습니다. 오늘은 누굴 만나지? 사뿐히 실려 가는 제 마음은 늘 상기되며 흥분됩니다.

　여고시절부터 국어시간이 좋아 시를 따라다니다가 불혹의 나이 즈음 시인으로 등단하여 지금까지 16권의 시집을 상재하였습니다. 그러나 감추어진 시의 속살을 펼쳐 보고파 2005년 「그대에게 가는 디딤돌」과 「한류 열풍아 숲을 신고 가다오」 수필 2편으로 한국수필가협회에 등단하였습니다.

　잘 알지 못하는 곳을 찾아가는 역발상의 기차를 타기도 했습니다. 눈으로 그 곳의 빛을 직접 바라봄을 즐겼습니다. 봄날은 연녹색 저 여린 꽃잎사귀들이 날 유인하였고, 벚꽃 분분한 낙화사이로 꽃비를 즐겼습니다. 여름이면 파도타고 문학도시 바다를 두루 탐방하였고, 가을이면 내장산 단풍에 취하였고, 겨울이면 영덕 블루로드에서 영원한 원시바다의 일출도 담았습니다.

그 수많았던 발자취들의 흔적 속에는 늘 사랑이 깃든 배려와 나눔이 있었던 것 같습니다. 나의 존재는 분명 그 귀한 만남들 속에서만이 더욱 뚜렷해졌고 영롱해지는 것만 같았습니다.

청제비 나래타고 스르륵 흘러가버린 야속한 세월들을 잠시나마 붙들고 싶어집니다. 수필을 즐겨 한 편씩 한 편 씩 쓸 때마다 내 젊은 날의 꿈과 이상이 예순을 훌쩍 넘은 나이를 잊은 채 풋풋하게 파닥거리고만 있습니다. 첨벙! 수필의 바다에 뛰어들고만 싶습니다.

비가 오나 눈이 오나 바람이 불어도 내내 돌보고 있는 세 손주들..... 기장 죽성초등학교 6학년 전교회장이 된 화가가 꿈인 손자 장재원과 손녀인 3학년 장지혜는 꿈이 오페라 가수래요. 또 6살 막내 손자 장재현은 유치원 3학년으로 꿈이 과학자라며 로버트를 즐기는 얼짱 입니다. 삼총사에게 할미의 첫 수필집 『하늘은 나에게』를 바칩니다.

우연과 필연이랄까요? 2005년 그 당시 한국수필가협회 이철호 이사장님이셨을 때 제 수필 「그대에게 가는 디딤돌」과 「한류 열풍아 숲을 신고 가다오」를 뽑아 주셔서 등단하게 되었지요. 그 귀한 인연이 2014년 봄 전남 곡성에서 열린 영호남수필 워크숍에서 근 10년 만에 우연히 처음으로 만난 인연입니다. (현 새한국문학회 이철호 이사장님)께서 기꺼이 제 수필의 서평을 맡아주심에 진심으로 감사를 드립니다.

2016년 봄날<br>송 다 인

차례

책을 내면서　6

1부
# 만남

황홀한 무지개가 기장하늘가에　15
매실사랑　18
영도다리　22
살자　28
하늘은 나에게　33
쑥개떡　38
초점 오류　42
내장산 단풍　45
자존　48
김삿갓 고향 영월 탐방　51

## 2부
# 소통

| | |
|---|---|
| 부전역에서 동해남부선 기차를 타다 | 59 |
| 가덕도의 살찐 굴 | 63 |
| 우연과 필연 | 67 |
| 눈이 행복한 봄날 | 71 |
| 영덕 블루로드 탐방 | 75 |
| 그림 그리는 손 | 79 |
| 풍경 | 83 |
| 반죽 | 88 |
| 군무群舞 | 92 |

## 3부
# 상생

카프카는 문학이다 　97
희망열차 4호선 　101
독도는 우리 땅 　105
환생 　111
달마산 미황사 탐방 　116
나라를 위한 정오의 기도 　119
와아아... 아하... 　122
기장죽성초등학교 영어연극제 　125
제자의 꽃바구니 　129

4부
# 나눔

성지곡 숲길로 숲속으로  135
민방위의 날 점심을 쏘다  139
토암 도자기공원에서  143
홀로서기  146
옛길여행 문경새재  150
그대에게 가는 디딤돌(등단작)  154
서서히 볼 수 없다는 녹내장  157
깻잎지 사랑  160

5부
# 배려

| | |
|---|---|
| 소금꽃 | 167 |
| 어느 미용실을 찾아 | 171 |
| 수국의 가르침 | 175 |
| 산도 운다 | 178 |
| 허브 오카리나 | 181 |
| 죽성바다 언덕에 앉아 | 186 |
| 아름다운 유산 | 189 |
| 봄비처럼 | 196 |
| 나의 어머니 | 199 |
| 어느 화가의 답신 | 205 |

**서평** 활기찬 생명의 숨결이 넘치는 수필,
묵은지 같은 깊은 맛이 우러나는 문학세계 _ 이철호  209

1부 안녕

## 만남은 꽃이다

오늘은 누굴 만나지
사뿐히 실려가는 내마음
두근거리는 가슴
상기된 얼굴
만남은 날 흥분 시킨다
생각만으로
미모사의 몸짓이 된다
널 만나면 웃음꽃이 피고
널 바라보며 이야기꽃이 피고
손 꼬옥 잡으면 인정의 꽃도 핀다
서로가 서로를 위로하는
이 상큼한 만남
코스모스 피어있는
들녘 길로 향하는
소중한 발걸음이다.

#  황홀한 무지개가 기장 하늘가에
- 2012. 3. 3. 9시

    황홀한 무지개의 연출을 지켜보았던 날이다. 동쪽하늘에 햇빛이 솟더니 서쪽하늘은 봄비가 사륵사륵 꿈에 부푼 둘만의 시간이 왔는데 비 좀 온다고 못가서야… 갈까 말까 망설이다 남편과 함께 떠나게 되었다.
    잠시 교리마을 육교 밑에 정차하는데 내가 먼저 발견한 무지개 때문에 난 그만 고함을 지르고 말았다. 떠 있는 무지개가 아니라 서서히 피어오르기 시작하는 무지개를 지켜보았다.
    내 눈 앞에서 펼쳐지는 시작과 끝이 함께 공존하는 하늘의 깜짝 연출 때문에 무작정 따라 올려다보느라고 차에서 내리고 말았다. 난생처음 바라보는 크나 큰 무지개의 깜짝 쇼를 낱낱이 훑어보게 되었다. 정말 그 순간에 그 곳에 잠시 정차한 것도 기막힌 우연이었다.
    "여보 저기 무지개 좀 봐! 저기 요양병원에 마음씨 고운 분이 오늘 하늘로 승천하는 것 같아요… 어쩜 요양병원 지붕 꼭대기에서 무지개가 시작되고 있을까요?" 차에서 보기는 너무 귀한 차림새였다. 얼른 내려서 우두커니 바라보는 눈앞에서 펼쳐지는 하늘의 수채화에 빠져서 그 무아지경의 붓끝에 온통 시선을 빼앗기고 말았다.

 육교 너머 요양원 지붕 위에서 일광산 산자락을 향하여 쑤욱 기지개를 펼치는 크나 큰 무지개의 연출 앞에서 난 넋이 나갔다.

 그 순간 너무 행복해졌다. 마치 떠나려는 우리를 위해 잠시 축하라도 해주려는 듯 서서히 두리 두둥실 온통 아침 하늘을 수놓고 있었으니 말이다.

 놓칠세라 눈에 꽉 붙들고서 탄성을 지르다가 "빨주노초파남보" 하나씩 둘씩 손가락으로 되짚어보면서 우리는 금방 아이들이 되어 큰 소리로 7색의 선명한 무지개를 눈부시게 음미하면서 외쳐 보았다. 언제까지 저 황홀한 무지개가 피어 있을까? 훌쩍 그 자리를 떠나지 못하였다.

 황홀한 여인의 치맛자락처럼 뭉실뭉실 용솟음치면서 거대한 수채화를 화아악 키우면서 우릴 유혹하고 있었다. 쌀쌀한 아침 시각이라서 주위에는 사람들이 드물었는데 제 앞으로 걸어오는 한 여인을 향하여 나는 "아줌마! 저 무지개 쇼를 좀 보세요!" 했더니 통화 중인 핸드폰을 떨어뜨리는 듯 놀라면서 환희의 모습으로 "야! 지금 내 눈앞에 엄청 화려하고 큰 무지개가 피고 있거든 와! 멋있다..."

 성큼 내 곁으로 다가오는 여인도 나도 당신도 활짝 핀 해바라기 웃음꽃이 되었다. 천진스런 아이들처럼 마냥 길목에 서서 성큼 쑤욱 피어오르는 무지개를 바라보느라 그 자리를 떠날 줄 모르고 있었다.

 나는 무지개가 그토록 거대하게 뭉실 거리면서 피어오르는 광경을 본

일이 없기 때문에 그 날의 감동이 영원히 잊혀지지 않고 잊힐 수가 없을 것이다. 내 소중한 인연 속에 이 무지개의 장관도 묻어 두고 싶다. 불과 이 삼 분간의 변화무쌍 그 찬란한 눈부심 때문에 당신과 난 그만 갈 길을 잃어 버렸다.

하늘 저 편에서나 저 멀리 수평선 너머에서나 아니면 그림책 속에서나 어렴풋이 보아온 작은 무지개였기에 그 순간 내 마음은 두근두근 감동의 행진이었다. 생생하게 피고 지는 그 현장에 발목이 묶여져 그 자리를 놓칠세라 눈동자 속에 마음속에 꼭꼭 담아두고만 싶었다.

정말 난생 처음 바라본 광경이었다. 하늘의 귀한 선물을 뇌수 속에 고이 간직하련다. 늦은 저녁 귀가시각 피로에 지쳐 있는데 걸려온 딸의 음성은 기쁨에 가득 차 있었다. "아버지 교사 발령 났습니다" 세 자녀를 둔 딸의 음성은 피어오르는 희망으로 춤을 추고 있었다.

그것은 오전에 본 그 피어오르는 무지개의 모습처럼 그 순간 환희에 펼쳐진 하늘의 수채화 한 편으로 찬란하고 희망찬 크나큰 생생한 무지개의 "아우라"였다.

눈앞에 성큼성큼 피어오르는 그 황홀한 무지개의 연출을 고개 숙인 모든 이의 가슴 속에 그대로 펼쳐드리고만 싶은 날이었다.

##  매실 사랑

내가 매실을 접한 지는 불과 십년 세월 밖에 되지 않는다. 매실 엑기스 한 병을 친구로부터 선물 받던 날 생수에 타서 처음 마셨다. 그때부터 유월 초순경이면 보약 같은 매실 엑기스를 만들기 위해서 매실 농장을 수소문하여서 직접 찾아다니면서 매실을 구하였다. 광양 홍쌍리 매실단지의 어마어마한 매실 밭도 답사하였으며, 원동 배냇골 친구네 농장에서도 매실을 직접 따보기도 했다.

집으로 도착한 매실 알갱이들은 날 유혹하기 시작하였는데 탱글탱글한 감촉은 짙푸른 녹음에 실려 온 청춘의 육신을 만지는 느낌이었다. 김치 치대는 큰 스텐 양푼에 우르르 쏟아 놓고서 먼저 꼭지를 하나하나씩 제거한 후에 마치 빨래를 치대듯이 박박 문지르면서 깨끗이 씻어 내었다.

청매실 너는 고운 잔털이 싸여져 이구나... 짙푸른 눈빛으로 올해도 어김없이 내 손안의 즐거움이다. 매실 한 켜 설탕 한 켜  노란설탕과 흰 설탕을 섞어서 담기 시작하였다. 단지에다 재우면 설탕이 흘러내려 골고루 젓기가 무척 힘이 들었었기에 나는 몇 해 전부터는 큰 생수통에 담그고 있었다. 매일매일 생수통을 눕히어서 굴리면 서로 서로 매실 알갱이들이 저절로 골고루 잘 섞이기 때문이다.

투명한 용기 속에서 날 좀 쳐다봐달라면서 청매실들은 나와 매일 눈인사를 주고받으면서 누르스름하게 익어가고 있었다. 서로 한데 어우러져서 영그는 100일 동안의 잉태는 마치 예술 작품을 감상하는 듯했다. 누군가의 마른기침을 다스리는 눈인사가 되기도 하였으며, 배가 아파서 더부룩할 때는 따뜻한 물에 매실 청을 넣고 마시면 배가 낫는 어머니의 약손이 되기도 하였다.

손자들이 배가 아프다하면 나는 우선 매실 청부터 타고 있으니 말이다. 아이들은 입맛부터 다시면서 새끼손가락으로 찍어서 맛보는 기호식품이 된지 오래다. 더운 여름 날 차가운 매실 주스는 사르르 손자들의 눈웃음에 찾아오는 귀한 손님이 된다.

근 100일 만에 숙성된 매실 청의 꿀맛을 여보게 어디 한 번 맛보지 않으려나? 탱글탱글 초록 청춘 두둥실 한참을 떠다니더니 서서히 늙어가는 우리네 인생처럼 쭈글쭈글 누우렇게 곰삭아 때 마침 깔아 앉는구나... 살 속의 진미 다 뿜어서 뱉어 내었는지 매실 알갱이 둥둥 가벼이 떠다니는 저 풍경들 좀 보게나... 온 육신 다 바쳐서 자식들을 다 성장시켜 놓은 우리네 부모님들의 모습과 어찌 흡사하지 않느냐 말이다.

녹색 영혼 뒤집어쓴 연민의 짙은 향기... 톡 쏘는 찰진 매실 청의 향연 속으로의 여행... 네 입술에 내 입술을 더듬으려 오시게나... 혼신의 정열을 다 바쳐서 제 몸 불사르듯 어루만지며 포옹하는 부모님들의 사랑을 느낀다.

　올해도 어김없이 생수통 세통이나 담갔다. 매실청을 모든 음식에 설탕 대신 껴 얹으니 김치 맛도 일품이요, 음식 맛도 감칠맛이로구나... 특히 더운 날 살얼음 동동 매실 청 쥬스 한 잔에 진한 행복감이 밀려오고만 있으니 어찌 그 매실 담그기 아무리 고되어도 마다하지 않을쏘냐?

　특히 올해부터는 매실 꼭지를 수월하게 따는 방법도 배웠으니... 참으로 탱글탱글한 매실 알갱이들과의 한 판 전쟁을 잘 치렀던 기억이 정말 생생하기만 하다. 친구야! 매실 꼭지는 이쑤시게로 톡톡 건드려보지 않으려느냐?

　냉장고 문만 열면 매실청들은 고이 병에 꼭꼭 모셔져 있다. 아껴 먹으면서 얼마만큼은 늘 가지고 있는 것만으로도 내 가슴은 뿌듯한 행복감에 차 있다. 청매실 젊음부터 쭈글쪼글 늙음까지 우리육남매 다 키우시고도 사촌 조카들 넷까지 다 결혼시키느라 손발이 다 닳으신 그 부모님 사랑이 두리두둥실 차오르고 있다.

　매실 육신의 숭고한 헌신 앞에서 어버이의 모습이 저절로 생각난다. 왜냐면 늘상 그 무엇인가를 고이 싸서 이곳저곳으로 선물하시면서 살아오신 그 아름다운 분홍 보자기들이 떠오르고 있다.

　지팡이에 의존해서도 걸을 수 없었던 4개월의 투병 생활 중에서도 특히 휠체어에 멍히 기대시어 눈물지으시던 내 어머니의 뜨거운 오열이 스쳐지나간다. 진한 매실청을 타서 드릴 때면 정말 좋아라시며 들이키시던 환한 어머니를 느낀다. 어느새 내 눈시울을 적시고 있는 진한 어머니의 사랑이 그리워진다.

## 💛 영도다리

내 고향은 영도이다. 영도다리 건너 선창가마을 썰물이면 너럭바위가 놀이터였다. 그리고 영도다리는 기쁠 때도 슬플 때도 마구 치닫던 곳이다. 검푸른 파도 눈 아래 바라보며 담력을 키웠고, 웅장한 영도다리 치켜 올라갈 때면 엄청난 스릴과 모험을 지켜보면서 자랐었다.

발아래 검푸른 물결에 덜덜 떨고 있는 나를 떠올린다. 아이 시절부터 청소년시기 그리고 대학시절도 영도다리를 건너다녔다. 엄마의 치마폭 뒤에 숨어서 눈만 살며시 내놓고서 시퍼런 강물을 훔쳐보았던 새하얀 감성들이 흥건하다. 내 아이시절 성큼 짙푸른 바다의 심장을 한세상 청춘이 다 가도록 정녕 잊지 못한다.

밤과 낮 가리지 않고 조마조마 건너다니던 찰진 해변의 수채화였다. 떨면서 영도다리가 내려올 때의 초긴장과 서로 맞물려서 안전하면 한 발짝 두 발짝 내딛으면서 친구와 두 손 꼭 잡고서 영도다리 끝까지 무작정 달려가서 환호하던 곳이다.

　오후 4시만 되면 딸랑딸랑 신호음이 울리고 우리들은 다리야 날 살려라 젖 먹던 힘 다해 줄행랑쳤다. 늘 깔깔깔 웃음꽃에 숨 가쁜 일상이었다. 그 육중한 철근과 나무의 구조물이 삐거덕거리면서 끄떡끄떡 거리며 줄기차게 물구나무를 섰다. 영도다리가 치켜 올라가기 일초 전을 잊지 못한다. 주위는 온통 기차가 지나가는 건널목처럼 신호음이 울리고 소란스러워진다. 네 손을 놓쳐버린 나는 발을 동동거리면서 저쪽으로 건너간 너의 이름을 큰 소리로 외쳐 불렀었다.

　발아래 두 동강난 시퍼런 칠흑 바다는 너와 나를 갈라놓았다. 아이 시절이 그리워진다. 이별이 아쉬워서 고함치던 네 목소리가 그리워진다. 그 언제였더냐? 그 시절 그 함성은 그 어디메로 가버리고 굳어버린 시멘트 바닥만 마냥 바라보고 서있었다.

　여고시절까지도 어김없이 치켜 올라가던 영도다리가 어느 날 홀연히 시멘트로 꽉 닫혀버렸었다. 예순하고도 이만큼 더 살았으니, 도대체 몇 년 만에 영도다리가 복구되는 것인가? 거의 반세기 세월 동안 굳어버린 영도다리가 이제 오후 2시만 되면 다시 치켜 올라가고 있다. 하던 일손을 멈추고 다시 치켜 올라가는 생생한 영도다리의 기적을 모조리 눈 속에 담기 시작하였다.

　순식간에 사라져버린 물구나무서는 영도다리가 신기해 직접 건설현장에 가보고 싶어졌다. 갯바람 남항의 해풍을 마시면서 온종일 영도다리난간에서 아이처럼 서성거리고 싶다. 고향 친구들아! 우리들은 영도다리가 복구되었으니, 영도초등학교 운동장으로 다시금 모이자꾸나.

친구야 너는 먼저 건너가서는 애타게 날 부르면서 기다림을 배웠고 두 동강난 영도다리의 아우성에 갇혀 우정의 애간장에 발을 동동거렸던 기억이 언제나 생생하다. 시퍼런 잉크바다는 두려웠는데 은근 슬쩍 내려다보고 또 보았었다. 조마조마 두근 반 세근 반 떨린 가슴 움켜잡고서도 용감히 영도다리 아래 통과하는 큰 여수 여객선 기적을 들으면서 손수건을 휘날렸었다.

유년의 추억이 접혀져 있는 고향바다로 그들이 환상여행을 떠나던 날 영도초등학교 개교 100주년 기념행사장으로 가려면 영도다리를 건너야만 했다. 뭉클대며 밀려오던 쪽빛바다 검푸른 파도 넘실대던 방파제로 영도다리를 건너서 갯바람 항구의 추억을 더듬으면서 그들은 하나 둘 전국각지에서 모여들었다.

연락선 손 흔들던 향수의 영도다리 난간에서 길 잃은 꿈들을 줍기 위하여 꾸역꾸역 영도다리를 너무나 오랜만에 건너가고 있었다. 코흘리개 개구쟁이들 얼마나 달라졌을까? 그들 성장의 밑거름이 되었던 아이시절의 추억담 영도다리는 그 날 분명히 붐비고 있었다.

친구야! 나도 모르게 널 부르고 싶다. 반백년 어스름 반백의 머리카락 휘날리면서 이마에 주름 잡힌 어른 아해들아! 참말로 눈가에 이슬 맺히는구나! 친구야 그자! 정말 너는 내 친구지 그자... 파도가 한적할 때면 바닷가에서 조개를 줍던 기억과 미역과 파래로 소꿉놀이하던 해맑은 웃음소리가 영도다리 아래 넘실대는 파도 속에 잠식되어 있었다.

만남과 헤어짐의 상징이었던 그 그리움의 영도다리를 지나서 쭈욱 뱃길 따라 펼쳐지던 야생의 갈매기 떼들과 함께 마구 달음박질하면서 웃었던 그 서정의 밀어들 속에 갯내음 맑은 숨결 그 풋풋한 아이시절 얼굴들이 오늘도 피어오른다.

대한도기회사 언덕 위에서 깨어진 사금파리로 집을 지을 때면 항구의 연락선이 어김없이 기적을 울린다. 그러면 사금파리를 내동댕이치고 마구 방파제로 치닫고야 말았었지... 달리면서 웃고 즐기고 짙푸른 해안선은 그들 모두를 몽땅 품어주었었다.

친구들아! 바다를 가르면서 하늘로 늠름하게 물구나무서던 그 줄기찼던 영도다리가 다시 재탄생된단다. 언제나 검푸른 파도가 무서워 공포에 빗발치던 그 아우성들이 뇌리에 입력되어서 늘 귓가에 맴돌고 있지 않았느냐? 땡땡땡 신호음에 네가 먼저 달려갔으면 나는 너의 이름을 부르면서 치켜 올라가는 영도다리를 원망하면서 늘 상실의 아픔이 사무치던 영도다리는 내 어린 콩심장을 두근거리게 하였었다.

영도다리가 완전히 기립할 때면 여수 여객선이 기적을 울리면서 유유히 스쳐지나 갔었지... 이별의 손수건을 들고만 있어도 해풍은 격정의 손수건들을 나풀거리게 하였었지... 내가 아는 사람이 없었어도 항시 힘차게 이별의 손수건을 여수 여객선을 향하여 흔들었었지... 스르르 여객선이 떠나감에 흐느껴 우는 듯 아우성이 빗발치던 곳이다. 또 밤바다의 마실은 얼마나 시원스러웠으며, 먼 날의 꿈을 차곡차곡 쌓았던 곳이더냐?

밤낮으로 바닷가에 마실 나온 추억들 속에는 웃음도 있었고, 슬픔도 있었고, 눈물도 있었고, 원망도 있었고 그리고 기다림도 있었고 그리움도 있었다. 내 볼과 목을 애무하던 항구의 갯바람은 분명 내게 부푼 희망을 안겨주었었다.

물구나무서서 여객선들을 다 통과 시키고 서서히 하강하면서 기럽의 나신이 나비처럼 사뿐히 내려앉았을 때는 또 얼마나 조마조마하였던가? 딱 맞물려서 일 인치의 틈도 없어져야만 사람들이 발걸음을 내딛을 수가 있었다. 나는 어릴 때도 간 크게 엄마의 치맛자락을 꽉 움켜잡고서도 맨 앞줄에 섰었고, 좀 커서도 항상 맨 앞줄에 서서 그 틈새로 포효하는 파도를 잠재우고 싶었다. 검푸른 잉크 빛 바다에 통쾌한 이별의 손을 흔들었었다.

손에 손잡고 벌벌 떨면서도 그 찰나의 순간에 환호하던 영도다리의 풍경화 속에는 너와 나 그리고 우리 부모 형제들의 가슴 속에 밀물 쳐 흐르는 기다림과 끈기들이 쏟아 부어졌었다. 살면서 웬만한 어려움들을 술술 다 넘길 수 있게 되었었다. 영도다리는 시퍼런 바다를 통쾌히 걸어 다니게 하는 큰 담력을 키워주고만 있었었다.

그 영도다리 난간 위 초승달이 비추이던 밤바다도 무수히 거닐었다. 복구된다는 기쁜 소식에 며칠 전 나는 영도다리로 향하였다. 갯바람 항구의 오동나무 선착장에 앉아 하염없는 그리움에 눈시울을 적셨다. 부모 형제 친구들의 음성이 너울너울 갈매기들의 선율로 내 마음을 적시고 있었다. 첫사랑 둥둥 떠가던 내 생의 흔적들이 마구 달려오고만 있었다.

열 살적 팔월 벌거숭이 환상여행들이 피둥피둥 달려와서 날 마구 울리고 있었다. 오늘따라 왜 그리 보고 싶은지? 첫사랑 그 사람도 여기 선착장에 앉았다가 갔을까? 만약에 영도다리를 찾는다면 풋풋했던 청춘시절의 사랑을 떠올렸을까?

  돌아보면 또 돌아가고픈 영도다리 왔다가 또다시 갔다가 도대체 몇 번씩 거닐었던가? 영도다리를 거닐면서 밤 깊은 줄도 모르고 야경의 수은등 하나 둘 헤아리며 첫사랑 이별 연습을 그때 이미 섭렵하였다. 안되면 또다시 하면 된다는 무한한 용기를 분명히 심어주고 있었으며 삶의 활력소가 되었던 것이다. 그리고 언제 어디서나 해풍의 상큼한 서정들은 짓눌린 삶의 걸망들을 휙휙 흩날리고만 있었다. 나는 오늘도 온종일 영도다리 위에서 풋풋한 아이처럼 내내 서성이고만 싶다. 영도다리를 건너오면 태종대의 쪽빛 해안선이 눈부시었고, 광활한 영도바다는 대륙의 힘찬 통로였다. 절벽바위의 절경과 등대와 감지해변의 몽돌도 있다. 영선동 고갯마루에는 항시 무역선이 점점이 두둥실 떠 있었다. 동삼동 갯바람은 또 얼마나 상큼하였던가? 아이시절 추억담 속에는 수영을 한답시고 깔깔대던 갯바람의 고향바다다. 그 옛날 모진 시집살이에 울먹이던 엄마는 자식인 날 등에 업은 채 방파제에 발을 떼려고 모진 맘을 먹을 때마다 응애응애 그토록 울어 보챘다고 했다. 그래서 엄마의 발길은 집으로 향했단다.

  커가면서 생생하게 전해들은 그 이명의 울음소리는 날 씩씩하게 키웠나보다. 살면서 조금의 허허함도 근접할 수 없게 하였으며, 그 어떤 어려움도 뚫고 나갈 수 있는 힘을 내게 주고만 있었다. 지금도 나는 그 어떤 고독쯤은 끄떡도 하지 않는다.

  영도다리야! 너는 나를 시인으로 키운 내 어머니의 젖가슴이다.

## ♡ 살자

　이 세상을 살아가는 누구에게나 인생은 단 한번 뿐이다. 한 번 살면 다시는 오지 않으며 끝인 것이다. 그러니 얼마나 소중한 삶이냐? 십년 전 일이 생각난다. 천년고도 경주로 첫 손자를 안고서 딸과 함께 우리가족은 꽃구경을 떠났다. 언양 지나 고속도로 어느 지점에서 굉음과 함께 우리가 탄 봉고가 폭발하는 듯했다. 얼른 아이 귀를 틀어막고서 급정거된 봉고차에서 내리게 되었다.
　누군가 산 위에서 쇠뭉치나 큰 돌을 차를 향해서 던진 듯 굉음이었기에 너무 놀라 벌벌 떨었다. 안전거리 안 지켰음 앞차와의 충돌도 있었을 것이다. 남편은 당황하지 않고 재빠르게 갓길로 차를 질질 끌고 가면서 운전하는 느낌이었다. 확인 결과 타는 냄새와 함께 6인승 봉고차의 큰 바퀴가 굉음과 함께 튕겨 나가면서 갈갈이 찢겨나가 터지면서 연기를 내뿜고 있었다. 조카와 남편은 비상 타이어로 교체작업을 하였는데 빰을 뺄 뺄 흘리면서 꽤나 시간이 소요되었었다.

하필이면 출발하는 그 날 아침 뉴스가 심상찮았다. 그 광활한 광안대교에서 검푸른 바다로 뛰어내려 실종된 40대의 시신을 찾고 있다는 뉴스가 갓길에서 떨고 있는 내 심장을 더 쿵쾅대고 있었다. 어느 누구의 아버지인지 노총각인지는 몰라도 구두에 양말을 끼워둔 채 미련 없는 세상을 마구 휘저으면서 한 떨기 낙화하는 꽃잎이 된 것이다.

언제 어디서나 삶의 마지막이 될지 모르는 악마 같은 세상을 그 날 경험하였던 것이다. 간신히 경주에 도착한 우리 일행은 하얀 들풀 껴 얹은 벚꽃터널이 그토록 아름답지 만은 않았었다. 조금 전 너무 놀라 시린 마음을 꽃들이 달래주고는 있었다.

마치 옛 선조의 곧은 기품인양 뽀얗게 눈부신 벚꽃의 기품이 만천하를 장식하면서 흩날리고만 있었다. 때 묻지 않은 아가의 볼에 입맞춤하는 순간처럼... 아가의 속살로 에미 살결 비벼대면서 날 위로하는 꽃밭의 느낌이었다. 백일이 조금 지난 손자를 안고 천천히 침묵으로 거닐었다. 조금 전 삶과 죽음의 귀로를 통과한 일행들을 어루만져 주는 듯했다. 아마도 사고가 나지 않았다면 분명 감탄사를 난발하면서 떠들며 지나갔을 것이다.

언어학자 이어령 박사는 어느 강의에서 "살자"를 거꾸로 하면 "자살"이라며 우리들에게 자살을 살자를 거꾸로 읽어 보라고 했다. 살면서 언어를 거꾸로 읽어서 이처럼 딱 반대 현상인 단어에 너무나도 의아해하면서 강의를 들은 적이 있다. 쓴 웃음이 저절로 나왔다. 자살이 유행처럼 번지고 있는 요즘 세상에 죽기 전에 생각을 쪼금만 달리하면 새로운 삶이 기다릴 것인데 각자 목숨을 소중히 해야겠다는 생각이 든다.

얼마 전 지하 단칸방에서 세 모녀가 동반 자살한 사건은 두고두고 온 국민들의 가슴을 쓰라리게 하고만 있다. 떠나가면서도 집세와 수도세 전기세까지 70만원을 봉투에 넣고 집주인에게 유서를 남긴 사실은 더더욱 가슴을 아프게 하고 있다. 그 돈으로 한 달은 살 수 있었을 텐데... 집세는 몸이 나으면 차차 내어도 되었을 텐데... 나는 눈물이 나서 책상에 고개를 파묻고서 엎드려 있었다. 삶과 죽음의 교차로 위에서 죽음은 찰나라는 걸 다시금 깨닫는 순간이었다.

세 모녀의 통탄할 상처가 채 아물기 전에 어떤 젊은 엄마는 네 살 된 어린자식을 안고서 15층 낯선 아파트 옥상에서 추락하고 말았다. 단지 남편의 고정 수입이 없어 아이를 키움에 녹녹치 못한 생활이 비관이 되어서 남편에게 죄송하다는 유서를 남긴 채 목숨을 끊었다.

어린이집에 아이를 맡기고 젊은 엄마가 돈을 벌면 되지 않았는가? 채 피지도 못한 아이의 소중한 생명까지 얼싸안고 분분히 흩날렸다. 결국 살인을 저지른 결과가 되지 않았느냐? 새싹들이 모자라는 초등학교 현실인데 또 국가적 손실이다. 생각을 바꾸는 순간 인생이 달라졌을 텐데 죽을힘으로 살아보지도 않고서 말이다.

연일 보도되는 자살 뉴스에 그만 할 말을 잊은 지 오래다. 헌신짝 같은 목숨에 가슴을 움켜잡고 묵념의 기도를 바치고만 싶다. 저녁 뉴스를 보기가 겁이 난다. 사람들 표정들이 우울에 절여만 있는 것 같다. 지하철을 타서나 버스를 타서나 사람들 표정들은 내내 우울해 보이고 있다. 우선 나 자신 부터도 명랑한 성격이었는데 저절로 우울해 먹구름 같은 나날의 연속이다.

신통방통뉴스를 파헤치는데 쪽방에 사는 어르신들에게 동회에서 저소득신청을 하면 생활비를 도와주는데 글쎄 자식들이 하나나 둘이나 있으면 제외되는 것이 큰 문제임을 알게 되었다. 즉 자식들이 부모님을 부양함이 당연하다는 것이다. 그런데 자식들도 살기가 팍팍해서 부모님까지 생활비를 도와주지 못한다는 사실이 더욱 더 가슴을 짓누르는 현실이다. 연일 보도되는 자살 뉴스의 해당사항이 백만이 넘는다고 하니 정말 심각한 오늘의 문제이지 않느냐?

문제는 세상의 밝음 속에 살지 못하고 어둡고 눅눅한 자신만의 암흑에 갇혀서 사는 사람들이 너무나 많은 것이다. 생명은 소중하고 하나뿐인데 왜 죽을힘으로 힘껏 살아보지도 않고 자살이라는 잘못된 순간의 선택을 해야만 하는지 혼돈이 된다.

단지 먹고 살기가 그토록 어려운 사람들이 많은 세상이 되어버렸지만, 온 국민의 가슴을 애린으로 물들게 하고 마는 비참한 자살의 뉴스가 이제 그만 났으면 좋겠다.

어차피 누구는 향년 몇 세 또 누구는 향연 몇 세로 일축될 인생인데 왜 스스로 목숨을 버려야 하는가? 우리들은 죽을 각오로 열심히 살아가야만 되리라. 그렇게 살다보면 분명 좋은 날들이 다가오게 될 것이다.

친구네 죽성 밭에서 직접 뽑은 쪽파 두 단을 하루 종일 다듬느라 허리와 다리가 아팠지만 쪽파 한 줄기 밥 위에 얹어서 맛나게 먹을 그들의 눈웃음들이 떠오른다. 피곤을 잊은 채 오전 나내 손질해 깨끗이 씻어서 건져 두고, 열흘째 숙성되고 있는 매실김치 양념에 배도 갈아 넣었더니 상큼한 쪽파김치의 맛은 예술로 탈바꿈되었다.

먼저 딸네 집으로 한 움큼 옆집으로 한 움큼 내일은 누구네 밥상으로 이사를 갈까? 행복한 고민을 하다보면 내가 한 줄기 덜 먹는 것이 훨씬 더 행복을 가져 다 주고 있다.

가슴 아픈 이들에게… 굶주린 사람들에게… 한 줄기 사랑으로… 한 줌의 먹을거리로 우선 이웃들을 보살피면서 정을 나누면서 나날을 살아가자꾸나. 나는 오늘 부터는 살자를 거꾸로 읽어보지 않기로 했다. 많이 줄 것은 없지만 이웃들과 조금씩 나누는 삶을 살아 온 나 자신은 더 넓혀서 조금씩 더 나누는 삶을 살아가기로 다짐해 본다.

봄날의 따스한 한 줄기 햇살처럼 온정의 훈훈한 빛처럼 자숙하면서 살아가야겠다.

## 💟 하늘은 나에게

    열정이 살아 있으면 꿈도 자란다. 詩는 우리 모두의 하나의 꿈이고 희망이라고 한다. 나는 언제 부터인가 삶속에서 행복과 슬픔과 그리움과 기다림 그리고 사랑과 우정 등 무수한 영상들을 담기 시작했다. 지나온 삶을 눈감아 보면서 남은 삶을 재조명하면서 글을 쓰기 시작했다.

    언제나 詩를 향한 나의 삶이다. 한 줄 시를 위하여 기꺼이 야생의 길을 떠나기도 한다. 몇 년 전 청량한 산 속 깊이 들어섰을 때 마치 무릉도원인 듯 구름이 와서 산문을 여닫는 것 같았다. 주위의 산 그림자들도 꽃청산을 뒤덮고 있어 산의 심장소리 들리는 듯... 저기 저 자연의 장엄 앞에 가슴이 뭉클해졌다.

    행복이 내 안에 가득 찼으며 더구나 좋은 사람들과 산속에 와 있으니 풍만해지고 있었다. 두 발은 부지런히 땅을 디디는데 머리는 이미 저 높은 곳의 진풍경에 사로잡혀 있었다.

아이시절 영도의 바다는 푸른 심장으로 늘 내 곁에서 출렁거렸다. 검푸른 바다를 발아래 내려다보면서 마구 치닫는 영도다리 위는 나의 운동장이었다. 살면서 내내 은빛 물결로 두근대며 다가오는 고향바다에는 내 유년의 추억들이 아른거린다. 항시 詩와 사랑의 바다를 퍼 올려 주고만 있다.

한 줄 시를 써 놓고 미소가 흐르고, 맑은 샘물이 솟아나고, 밝은 웃음이 출렁대니 마음에 행복이 솟아나고만 있었다. 세상사는 일이 서로의 관계 속에서 맺어지고 있는데 우리가 만나기전 이미 오래전에 그 만남도 시작되고 있었으니, 인연에는 결국 우연이 없다고들 한다.

주워진 그 날까지 그 소중한 인연 때문에 살아갈 것이다. 가진 것 나눔이 따뜻한 위로가 되고 진솔한 다가감이 따뜻한 감사가 되고 소중한 인연으로 당신들과의 만남과 소통이 오늘의 나를 더욱 다져주고만 있다.

마치 내가 세상을 끌고 가는 주인처럼, 사람의 향기가 차오르는 좋은 포도주처럼 그런 삶이 내가 살아가는 이유가 된다.

오월이면 줄장미들이 담장에 즐비하다. 가까이서 장미향기만 맡지를 말고 검붉은 장미의 속살을 한 번 관찰해 보자. 장미의 심저에서 우러나오는 소리와 장미가시 속에서 피어난 진한 숨결에 감추어진 붉은 꽃잎들의 진동을 느껴보자.

장미의 숨결 속에 감추어진 검붉은 전율을 눈으로 느끼면서 또 귓속으로도 느껴보자. 장미, 그 화려한 접목 속에는 휘영청 눈부심의 향이 있고, 짙푸른 잎맥이 있고, 우렁찬 가시의 함성이 있고, 더불어 살아가는 장미의 숨결 속에 감추어진 전이의 삶이 존재하고 있음을 발견하였다.
 나는 "장미라는 이름으로" 꿈꾸는 일탈이고 싶다. 장미의 숨결 속에 감추어진 내 삶의 모순을 찾느라 온 밤을 지새운 일이 어디 한 두 번이었으랴? 오늘도 장미 한 떨기 너를 만나러 떠나고만 싶어진다.
 열심히 정말로 열심히 글쓰기에 몰두한 세월이 주마등처럼 스쳐지나간다. 쓰고 지우고 또 쓰고 지우고를 반복하면서 버려진 파지들은 마대에 채워졌고, 수북이 쌓인 빈 볼펜들은 내 창작의 밀실에 산증거가 되고 있다. 백 자루가 넘는 빈 볼펜들을 어루만져 본다. 빈 볼펜들은 주남 저수지의 청둥오리 떼처럼 힘차게 비상하는 새들의 꿈이 되고만 있다.

 한 때는 그 비상하는 새들에게 꿈과 희망을 안겨주기 위해 작은 거위 모양의 도자기로 된 오카리나를 배웠었다. 오카리나는 마치 작은 거위가 호수 위를 둥둥 떠가듯이 아름다운 선율로 날 유혹하고만 있었다. 오카리나에 내 입술을 갖다 대면 항시 내 사색은 홀연 숲속에 닿아 있었다.

 산기슭에 온갖 야채를 심어 놓고서 단비를 싣고 가던 날이 많았다. 파릇파릇 솟아나는 채소들은 내게 기지개를 펴면서 미소를 보내기도 했었다. 단비를 머금고서 쑥쑥 자라난 채소들을 한 줌씩 나누어 먹었을 때 얼마나 많은 눈인사들을 나누었는가? 되로 주고 말로 받기도 한 나눔의 정은 날 더욱 살찌게 하였다.
 한 줄의 시를 위해 백지 앞의 하얀 허공에 맞서듯이 한 줌의 사랑을 위해 나는 부지런히 살아가야만 했다. 십년 세월동안 봄날만 되면 들판에 엎드려서 쑥을 캐어서 쑥떡을 만들어 여러 지인들과 나누었다. 쑥떡은 행복을 더욱 부채질하고 있었으니, 나는 봄날만 되면 들판으로 나갔으며 더욱 건강해졌다. 좋은 이웃들과 나눔의 정은 내게 무한한 행복을 안겨다 주었다.

 좋은 사람을 만남은 신이 준 축복이라고 했다. 그 사람과의 만남을 지속시키지 않음은 신이 준 축복을 져 버리는 것이라고 했다. 이 말씀이 사뿐히 실려 오고 있었다. 지금도 내 마음이 울적하거나 무료할 때 쯤 이면 너는 내게 내미는 손으로 나를 잡아주고만 있다. 가슴 뭉클한 행복의 세월 또한 무수히 많았지 않았느냐?
 오늘도 네가 내미는 손 붙들면서 나는 서서히 피어나고 있다. 은혜의 손길을 닮으려는 나의 열정은 달이 되고, 해가 되고, 별이 되면서 지금도 내게 넘쳐흐르고 있으니 말이다. 가까운 이웃부터 그리고 형제들에게, 또는 지인들에게 나는 항상 내미는 손이 되고 싶다. 사랑이 깃든 내 마음의 진동이 불꽃처럼 퍼지고만 싶다.

 꿈도 자란다는 생각이 문득 들면서 만남과 소통의 진미는 순전히 내 몫의 아우성으로 내가 몸소 체험한 진솔한 부지런함 속에 있었다. 그러면서 그 체험을 글로 썼으니 내 꿈도 쑥쑥 자라나게 되었던 것이다. 등단한 20년 세월동안 16권의 시집을 상재하였으며 100여 편의 수필을 쓰게 되었다.

시인으로 등단하자 송이버섯처럼 귀한 시인이 되라면서 남편이 지어준 글쟁이의 애칭 송이松栮를 끌어안고서 늘 꿈을 꾼다. 오늘에 충실한 나에게 하늘은 말초신경까지 진동을 일으켜 줄기차게 써 내려가라고만 한다.

"하늘은 나에게"
언제 어디서나 평범한 일상과 욕망사이에서 무의식의 세계와 의식의 세계에서 내면을 성찰하는 무수한 삶의 편린들을 끊임없이 흩날려야만 한다며 내게 늘 속삭이고만 있다.

## 🤍 쑥개떡

　쑥떡이 예술로 태어나고 있다. 내가 쑥 반죽을 도공처럼 동글납작하게 빚기 때문이다. 쌀가루와 데친 쑥이 한데 섞여서 갈아지면 조금의 소금과 조금의 설탕을 넣은 후 반죽을 해 주문한 사람 앞에 놓여진다. 직접 일회용 장갑을 끼고서 만들어야하기 때문이다. 시간이 오래 걸리고 똑같이 만들어야하므로 직접 모양을 본인보고 만들라고 한다.
　반죽된 쑥 색깔의 쌀가루를 하나하나씩 삼베가 깔린 떡판에 어서 모양을 만들어서 얹어야한다. 뜨거운 증기 속에 떡판을 넣으면 근 한 시간만에 떡이 완성이 된다. 쑥개떡은 만드는 시간이 꽤나 들고 동글납작하게 백 개가 넘도록 만들려면 힘도 들기 때문에 아무 방앗간에서나 해주지 않고 있다는 사실도 알게 되었다.
　그러니까 해운대 달맞이 언덕 아래 한 떡집 방앗간을 들어선 지 어연 5년 세월이 다. 딸이 그 윗동네 아파트에 살 때여서 그 떡방을 찾게 된 것이다. 그 날은 쑥 떡국을 길게 빼고 있었는데 내 앞에 선 아줌마가 열심히 떡 좌판 위에 쑥개떡을 나열하고 있었다. 얼마 후 뜨거운 증기 속에서 조금 전 아줌마가 열심히 만들던 그 쑥개떡이 참기름을 살짝 스치더니 반짝 반짝 진초록 호떡 모양으로 탄생되었다.

하나를 얻어 먹어보는데 쑥이 많이 든 보양 쑥떡에다 고소하기까지 했으니 반하고 말았다. 먹기도 여간 편리했으며 게다가 고소한 콩고물에 다 또 찍어서 먹으니 맛도 일품이었다.

봄날이 되면 부지런히 쑥을 캐어 깨끗이 손질해 여러 번 씻은 후 살짝 데쳐서 얼른 찬물에 다시 헹궈서 양손으로 물기를 짠 후에 무조건 냉동실에 쑥 뭉치를 차곡차곡 비축해 둔다. 그 아줌마가 만든 그 쑥개떡을 만들어서 몸에 이로운 쑥떡을 맛있게 나누어 먹기 위해서였다.

그렇게 쑥개떡과의 인연의 세월이 어연 5년이나 흘렀다. 다른 쑥 절편이나 쑥썰기는 열두 개나 열여섯 조각으로 자른다. 그러니까 16명밖에 못 나눈다. 떡 삯이 비싸니까 사람들은 쑥떡을 잘 해먹지 않고 대게 쑥국으로 몸을 보양하고 있다.

떡 삯이 비싸도 백 개 넘게 나오니 여럿이 나눌 수가 있어 그게 너무 좋았다. 도시락에 열 개씩 포장을 하면 열 명 넘게 나눌 수가 있으니까 흐뭇한 선물이 될 수가 있었다. 그러니까 봄이 되면 쑥개떡을 만드느라 여념이 없다. 처음 먹어 보던 그날의 진한 쑥개떡을 친구들과 나눔은 여간 기쁜 일이 아니었기 때문이다.

그런 세월 중에 올해도 어김없이 제주도의 여고친구에게 쑥개떡을 또 보내었다. 타향인 제주도로 이사를 가서 부산 기장에 사는 옛 친구가 직접 캔 쑥으로 쑥개떡을 보냈으니 냉동실에 두고 먹고 싶을 때면 꺼내어서 녹인 후 올리브유에 지글지글 지져먹으니 꿀맛 같다며 남편도 고맙다는 말을 전해달라고 했다.

제주도 상공으로 날아간 쑥개떡은 제주도에서 내게 옥돔을 날려 보냈으며, 서울 하늘로 날아간 쑥개떡은 쓰짠성 보이차를 날려 보냈다. 난생 첨 먹어보는 희귀한 백설차까지 가끔 보내오는 귀한 차들을 지인들과 함께 나누어 마시게 된 세월도 십년에 이르렀다.

되로 주고 말로 받는다는 속담대로 봄날의 쑥떡은 즐거움이 되고 있었다. 나는 오늘도 들판으로 나갈 채비를 하고 있다. 부지런히 쑥을 캐니 건강에도 좋았다. 집에서 있는 것보다 더욱 생기가 넘치고 있으니 말이다.

쑥개떡을 몇 년 전 소풍갈 때 해 갔더니 다음해 봄날에 그 맛과 정을 못 잊어서 내 손을 덥석 잡으면서 눈인사를 건네 온 여인들도 있었다. 봄날만 되면 힘이 들어도 얼마나 많은 삶의 진미를 발산하고 있는지 모른다. 게다가 쑥은 건강에도 좋으니 말이다.

우리가 클 때쯤에는 먹을거리가 풍족하지 않아서 보릿가루로 지글지글 부쳐주는 엄마의 보리개떡을 서로 많이 먹으려고 우리 육형제는 다 투곤 하였었다. 오늘도 보릿고개의 향수를 한 입 베어 머금은 얼굴엔 형제들의 웃음꽃이 한나절을 삼키고 있을 것이다. 서울의 막내 동생도 올해는 쑥개떡을 맛보게 하였다. 맏이인 내가 어느새 부모님처럼 아우들을 챙기고만 있었다.

아무튼 쑥개떡은 손끝의 예술로 태어난다. 호떡 같은 쑥절편이 들판의 향기를 물씬 머금고 있다. 어제의 서운함과 오늘의 조급함이 메마른 목젖을 촉촉이 어루만지면서 목안으로 침몰하고 있었다. 내 마음이 안정될 때 떡을 빚으면 한결같이 모양새가 예쁘게 빚어졌으며, 내 마음에 불안한 구석이 있을 때는 똑 같은 모양으로 빚어지지 않았었다. 그럴 때면 떡집 사장에게 도움을 청하곤 했다.

이제는 친척처럼 지내는 사이가 된 달맞이 아래 떡집 부부와의 인연은 아마도 영원할 것만 같아진다. 내가 바빠 못가도 기장까지 쑥개떡 한 되라도 운반해주는 사이가 되었다. 쑥의 양이 모자랄 때면 자기네들이 캔 쑥을 비축해 두었다가 한소끔 더 보태어서 진녹색 쑥향이 베인 쑥개떡을 기장까지 딱 갖다 줌이 진정코 고마웠다.

그런 사람들과의 인연의 향기는 쑥개떡에다 고소한 情의 콩고물을 듬뿍 찍어 먹게 하고 있다. 새벽에 일어나서 하루 온종일 떡집의 부부는 정말로 열심히 살아가고 있었다. 온갖 종류의 떡을 만들어 좌판에다 진열하여 손님이 떡을 골라서 사도록 해 놓는다. 그리고 또 주문한 떡도 만들어야한다. 내가 지켜 본 그들 부부는 24시간 내내 붙어서 사는 잉꼬부부였으며 성실한 모습이었다.

어느새 나의 깨어있는 두 손은 오늘도 情의 갓김치를 반찬통에 눌러 담고 있었다. 며칠 전 쪽파김치를 맛나게 먹던 그들 부부의 눈인사가 되고 있었다. 서로서로 정겨운 선물을 주고받는 봄날의 진풍경이 되고만 있다.

## 초점 오류

나는 이런 단어를 처음으로 접한다. 벽지 위에 써둔 남편의 주요 메모는 행복의 조건이었다. 하나는 쾌락 적응이며 또 하나는 초점 오류였다. 무슨 말인지 몰라 여쭤워 보았더니 눈의, 마음의 초점을 자신 보다 낮은 사람들에게 두면 행복해 진다는 것이다.

자신의 집보다 큰 평수에 사는 사람을 부러워말 것이며, 자신보다 더 예쁜 사람을 부러워 말 것이며, 돈이 많은 사람을 부러워 말 것이며, 자신의 차보다 더 좋은 차를 부러워 말 것이며, 더 좋은 부모님과 더 좋은 형제들을 부러워 말 것이며, 항상 나 보다 못한 사람을 쳐다보면서 위로 받고, 우리 집보다 더 작은 집에서도 더 많은 식구들이 살아간다는 사실을 깨달을 것이며, 우리 집보다 더 못한 사람들이 얼마나 많다는 사실을 느끼면서, 항상 만족된 자신감을 가지고 살아가라는 무궁한 의미를 발산하고 있었다.

남편은 아마도 잘 투정되는 것 같은 마누라야 잘 음미하여라... 하면서 매직으로 써 둔 것 같았다. 즉 조건을 따지지 말고 주워진 환경에 잘 적응해 미래를 잘 대처 해 나아가라는 말씀을 두고두고 가슴에 새기라고 또렷하고 새까맣게 써 놓으셨나 보다.
　현재의 자신을 돌아보면서 그래도 자식도 있고 마누라도 있고 손주들도 건강하니까 "그래도 그게 어디냐?" "작지만 만족하고 사랑하자"는 메모 바로 밑에다 써 두었다. 이제 조용히 벽의 교훈을 음미하고 있노라니 남편 자신이 스스로에게 위로 받고 싶어서 써 둔 것 같기도 했다. 어쩌면 혹 이 글을 읽어보는 모든 이에게 위안을 주기 위해 소중히 메모한 것이리라.
　비록 풍족하지는 않지만 그래도 세 끼니 밥을 굶지 않고, 나이 들어 돈을 벌기 위해 일터로 나가지 않고, 주워진 연금으로 살 수 있으니 얼마나 다행한 행복함이냐며 날 인식시키고 있다. 매일매일 벽지 위에서 날 다독이고 있는 남편의 문구는 오늘도 가만히 날 변화시키고 있다. 내게 주워진 지금 이 순간의 모두가 다 행복인 것을... 가고 싶은 곳 못가 안달이 났었던 욕망의 순간들이 스쳐갔다. 잘못 생각했던 착각이었음을 재삼 깨닫게 하고 있었다.
　살아가는 인연이 다 함에 당신과 내가 헤어져야만 하는 시각이 다가올 터이니 그 만큼 나 자신이 존귀하다는 사실을 다시금 인식하면서 내가 없으면 현실도 미래도 없다는 사실 앞에서 소박한 밥상처럼 욕심 부리지 말며 살아가야 한다는 각성이 밀려오고 있었다.
　지난 날 다른 집과 비교하며, 다른 남편과 비교하며, 다른 자식들과 비교하던 나의 푸념들이 남편의 말없는 침묵의 메모 앞에서 고개 숙이면서, 잘 익은 포도주처럼 숙성하게 만들고 있었다. 벽을 바라보는 오늘도 충분한 산교육장이 되고 있었다.

  초점 오류는 카메라의 초점이 잘못 맞추어 진 것인데 이토록 인생을 깨닫게 하는 심오한 진리가 포함되어 있을 줄이야.

## 내장산 단풍

　말로만 듣던 가을의 내장산을 탐방하러 간다. 밤새 얼마나 행복한 기다림이었는지 모른다. 초등학교 동창들과 내장산 단풍의 절정을 보려고 떠났다. 내장산 입구부터 단풍은 절정이었다.

　널따랗게 펼쳐진 산자락으로 향하는 길목부터 나무들은 제마다 겨울 채비를 하려고 옷을 갈아입었는데 정말 오색찬란하였다. 여인들이 아무리 치장을 한다고 해도 저처럼 오묘한 색감을 발휘할 수 있을까?

　먼저 떠나는 친구들은 우수수 흩날리며 낙엽 되어서 마당을 쓸면서 가고 있었고, 머리 위에 서서히 이별을 고하며 고공하는 색색의 단풍들은 마치 인간들의 삶과도 같게 느껴졌다. 나 먼저 가서 기다릴 테니 뒤따라와 하면서 속삭이듯이 발아래 낙엽들은 사각사각 안녕을 고하고 있었다.

　내장산 입구에서 시작되는 단풍코스는 국내 최대라고 하더니, 내장산은 자기 안에 품은 것이 무궁무진하다는 의미로 지어진 이름다웠다. 내장산은 말없이 자신의 내장까지 다 드러내 보이고만 있었다.

산은 온통 물구나무서서 지상의 우리들과의 만남을 축복하면서 우수수 낙엽 되어 우리들 곁을 차례로 이별하고 있었다. 사람들 머리 위로 고공하면서 초겨울 소슬한 바람이 부니 우수수 흩날리면서, 아끼던 제 것들을 다 내려놓고 있었다.

주말이라 수많은 사람들이 단풍을 찾아 왔건만 하나도 분주하지도 복잡치도 않았다. 왜냐면 산은 거대한 단풍들로 인간들의 소음을 잠재우며 품고 있었기 때문이다. 빨갛고 노오란 단풍만이 아니었다. 진초록 단풍도 주렁주렁 감나무 곁에서 흔들리고 있었다. 아마도 수 백 가지 색감으로 온통 산을 뒤덮으며, 수많은 채색의 부채를 흔들어대고 있었다.

수많은 사람들은 끝없이 펼쳐진 단풍 속으로 행복해하면서 하염없이 낭만을 즐기면서 걷고만 있었다. 귀는 사각사각 낙엽 밟는 소리를 들으면서, 두 눈 가득 오색 단풍을 담기가 아쉬워서 찰칵찰칵 사진 속에 저장하기에도 바빴다.

난생 처음 느끼는 화려하고 폭 넓은 자연의 선물 앞에서 사람들은 제각각 엄숙해지고만 싶었다. 내장산의 단풍들은 아래로 위로 마치 물구나무서서 자신의 청춘들을 찬란히 내뿜는 것만 같았다.

스스로를 저토록 눈부시게 빛내가면서도 분주히 옷을 갈아입고서 늦가을 외출을 서두르고 있었다. 세상만사 인간들의 이야기 속으로 후회 없이 살다가라고 소곤대고 있었다.

청춘의 기억들을 들추어 가면서 가는 세월을 붙잡지 말라면서... 미련

없이 지상을 떠나라고 우리를 위로하며 마냥 뒹구는 것만 같았다. 난 난생처음 접하게 된 거대한 내장산의 단풍 앞에서 할 말을 잊어버렸다. 어쩜 저리 고운 노오란 단풍이 저토록 뽐내고 있을까? 은행잎만 노오란 줄 알았는데...

　나뒹구는 낙엽 속에서 진노랑 단풍잎도 줍기 시작하였다. 책갈피에 소중히 보관해 오래도록 느끼기 위해서 고스란히 단풍잎을 손바닥에 가득 포개고 있었다. 은행잎처럼 노오란 단풍들이 빨간 단풍들 사이사이로 내장산 전체에 군락을 이루고 있었다. 게다가 높다란 애기 감나무들 까지 탐스럽게 매달려 단풍들 사이사이에서 행복하게 웃고 있었다.

　그 아래 폼 잡은 연인들은 사진 찍기에 여념이 없었는데, 나도 친구들과 아이시절로 돌아가 늦가을 진풍경 속에서 어깨동무를 하면서 흠뻑 웃었다. 모두 다 홍실 황실 얼굴이 된 찬란한 단풍놀이였다.

　서서히 떨어지는 낙엽들은 뒤따라 올 단풍들을 맞을 채비를 하려는 듯 사각사각 아름다운 소리를 품은 넓은 가슴을 펼쳐내고 있었다.

　가만히 있어도 그리움이 묻어난다는 이 가을에 오색단풍은 삶의 짙은 향수를 불러일으키고만 있었다.

 자존

내 놀란 가슴이 지금도 뛰고 있다. 정원에 있는 분재에 물을 주던 어느 날의 일이다. 해풍에 실려 산들바람에 나풀대던 잎사귀들 속에서 담 귀퉁이를 지나가다 무심히 손을 뻗혀 잎을 만져보았다.

글쎄 손길이 자신의 잎새에 닿자말자 말려든다. 그 순간 신비로운 식물과의 교류에 나는 놀랐었다. 또 다른 잎을 건드리니 말려들고 만지는 것마다 똑같이 또르륵 말려들고 있었다. 이 식물은 "미모사"이다.

한참동안 시선을 떼지 못하고 미모사의 반응에 민감하여서 물을 살살 주게 되었다. 이 신비스러운 반응 때문에 식물도 함부로 대해서는 안 된다는 교훈을 배웠다. 사람들과의 교류에서도 싫은 사람이 다가와도 거부하지 말 것이며, 또 남의 도움을 받지 않겠다는 독립심이 식물에게도 있다는 사실도 깨우치게 되었다.

자신을 보호하려고 안으로 말려드는 잎새의 살아 숨 쉬는 영혼을 손수 체험하였던 것이다. 세상을 밀어내는 대자연의 어떤 규율 앞에서 놀란 가슴은 지금도 뛰고 있다.

"미모사야! 이젠 정말 장난치듯 널 마구 만지지 않을 테니 원상태로 쭈욱 펴다오!" 매일 오후에 한 번씩 많은 분재에 물을 줄때마다 유독 나는 미모사에게 신경을 쓰게 되었다. 건드리면 안 되니까 말이다.

나 자신도 미모사를 닮아야겠다고 느꼈을 때 문득 남해 창선면의 바닷가 시절이 떠올랐다. 낭만을 즐겼던 섬마을 선생님이 해풍의 애무를 거부하는 몸짓으로 살아가고만 있었다. 조개를 캐서 된장국을 끓였던 추억 속에 우두커니 쪼그리고 앉아서 기다리고 기다리다 지친 허수아비가 되었으니 말이다. 오직 나 자신에만 충실했던 섬마을 선생님시절은 마음의 문을 닫고만 살았으며 육지와 단절된 섬마을 생활에만 집중했었다. 도시의 향유는 내 것이 아니었다. 나에게도 미모사의 몸짓이 된 시절이 있었던 것이다.

그러던 어느 날 내 마음이 울적하여 분재들에 흠뻑 물을 주고 있었는데, 남편은 새 분재 앞에서 나를 오라고 손짓하였다. 내가 미모사에 너무 놀랐던 사실에 흥미를 느꼈는지…"용수초"라는 새 분재를 갖다 놓으셨다.

이것 봐! 라면서 용수초의 잎사귀를 손바닥에 놓더니 글쎄 손가락으로 구겨보였다.

미모사는 건드리기만 하여도 또르륵 말려드는데 용수초는 구기면 쫙 펴서 원상태로 펴지고 있었던 것이다. 나도 남편 따라 구겨보면 펴지고 또 구겨보면 펴지니 참으로 신기했다.

미모사와 용수초의 정반대 반응들은 내게 무언의 가르침을 주고만 있었다. 하나는 자기 자신을 움츠려서라도 보호하는 법을 배웠고, 또 하나는 아무리 구겨도 원상태로 회복하여 어려운 환경을 꿋꿋이 헤쳐 나가야 함을 일깨우고 있었다.

두 식물을 보면서 식물에게도 생명의 자존이 분명 있음을 느꼈다. 해가 지면 분재에 물을 줌이 더 정겨운 일과가 되었으며 하나하나 다 타고난 저마다의 본질이 있음을 세심히 관찰하게 되었다. 나에게 그 어떤 식물도 소중한 존재임을 다시 확인시키고만 있었다.

백 그루가 넘는 분재들을 거의 20년 동안 남편 뒤에서 함께 돌보게 되었으니 세심한 관찰일기를 썼다고나 할까? 백설이 녹아든 마당에 하얀 맨발로 내려서서 나무들의 환생을 기원하기도 했다.

수련도 오후 2시 이후에는 손님을 받지 않겠다며 꽃잎을 꼬옥 다무는 것도 바라보았다. 하루는 수련 만발한 꽃분홍 자태 위 은빛 잠자리 바르르 떠는 모습도 지켜보았으며, 다음 날은 매화 연분홍 비단 꽃봉오리를 박새란 놈이 콕 삼켜버리는 찰나도 보았다. 냉큼 내려가 상처 난 매화를 살살 어루만지면서 할 말을 잊어버린듯 정말 안쓰러운 순간들이었다.

미모사와 용수초의 관찰일기 앞에서의 진한 기억은 아마도 영원히 잊지 못할 것이다. 나 자신을 소중히 되돌아보게 하는 가르침이었다. 제아무리 사소한 일이라도 성의껏 보살펴야 한다는 그 세심한 진리도 터득하게 되었다.

# 김삿갓 고향 영월 탐방

"김삿갓 탄생 200주년 대한민국 시인대회" 날이다. 듣기만 하여도 신나는 일이다. 200년 전 방랑시인 김삿갓 시인의 고향 영월로 대한민국 시인들이 다 모여든다. 1박 2일 동안 강원도 영월의 정취에 흠뻑 젖고 싶어졌다. 찌든 삶의 결망 다 벗어 던지고 부산의 시인들은 모두 서면 영광도서 앞으로 모여들었다.

해학과 묘미의 시편 삼천 수를 남긴 김삿갓의 고향을 탐색하러 떠나는 길이다. 자유와 풍류의 삿갓을 걸치고 산천을 누빈 김삿갓의 기를 흠뻑 받고 오리라 생각하니 한없이 행복하였다. 가을이 성큼 다가선 들녘으로 산기슭으로 강물 위로 버스는 무한정 치닫고 있었다.

5시간이 지나서야 도착한 영월은 바로 청정 그 자체였다. 물줄기는 콸콸 넘쳐 흘러가고 있었으며, 태백산 줄기 따라 온 마을을 가로 지르며 줄기차게 흘러가는 동강이었다. 싱싱한 청춘의 물살이었으며 깊은 산 속

짙은 수목들은 한 폭의 젊은 수채화였다.

수수밭 너머로 누우런 황금빛 알곡은 여물어가고 있었다. 산을 삥 둘러싼 거목들과 우거진 숲이 동강의 물에 그대로 우러났는지? 저기 칼날 같은 물빛일까? 청록 같은 물빛일까? 아무리 바다가 쪽빛이라도 산천의 초목들이 그대로 그냥 널브러진 녹쪽빛 동강 물빛에 따를 수가 있을까?

난 반하고 말았다. 시선을 동강에서 뗄 수가 없었다. 난생 처음 바라보며 넋을 빼앗긴 동강은 저토록 세차고 아름답게 날 유혹하고 있었으니, 두 눈과 마음은 이미 동강 물속에 빠지고 말았다.

거대한 폭이기에 사람들이 래프팅을 즐길 수 있다고 한다. 여름 내내 얼마나 많은 사람들이 신나게 맴돌다 갔을까? 불타는 젊음을 다 쏟아 붓고 간 저 청정의 동강에 어서 내려서 발이라도 잠겨보리라... 영월읍을 지나, 어라연을 지나, 청령포를 거쳐 남면으로 영월 화력발전소를 지나, 남한강에 합류하는 저 머나먼 동강의 물줄기 그 세참과 웅장함에 매료되고 말았다.

전국 각지에서 어연 천 명의 시인들이 김삿갓 문화 큰 잔치에 모여들었다. 영월의 울창한 숲과 풀내음 향기 속에서 노루목의 향연은 울려 퍼졌다. 앞 산 넘으면 탄광촌 있다는데 꼬막손 아이들 지지배배 학교 가는 길... 강원도 산길 따라 꽃길 따라 웃음 꽃 피우던 칠백고지의 노을은 지워지지 않는 모운동의 추억이었다.

모운동의 아침은 어떠하였느냐? 평범한 산골인 줄 알았더니, 운무 쭈욱 깔린 산등성이 신선들의 놀이터가 아니더냐? 아침 산바람 소리 없는 이아침이 이토록 눈부실 줄이야......

구절초, 코스모스, 산길 따라 채송화 온갖 꽃 만발하여 개미치가 구절초인지? 구절초가 코스모스인지? 구분 못하는 함박웃음들 난쟁이 채송화 풀밭에 숨은 꽃분홍의 눈웃음들 너와 날 손짓하며 유혹하고 있었다. 콩잎과 깻잎의 장관은 산밭에 드러누워 부지런한 모운동의 삶은 고갤 숙이게 하였다.

초롱하게 매달린 대추 슬쩍 입속에 물었더니 상큼한 맛 꿀맛이었다. 풀섶에 나뒹구는 잣 뭉치 밟았더니 진갈색 잣 알갱이 쏟아지고 있었다. 소나무인줄 알았더니 잣나무란다. 눈인사로 건넨 잣알 몇 개 호두마냥 딱딱해도 깨물고 마는데 속 알갱이 꼬소하여 자꾸만 깨무는데 짙은 잣 향기 솔향기와 뒤섞여 상큼한 아침을 맞이할 줄이야......

눈 아래 펼쳐진 신선들의 수채화에 떠도는 넋이 되어 훨훨 날 줄 알았더냐? 가슴 풀어헤치는 모운동의 아침을 그대들과 함께 들이킬 줄 알았더냐? 모닥불 타는 소리에 빛에 취해 어젯밤 한 여인 산중 눈 빛 탐하더니, 물 흘러가듯이 마냥 흘러가더니, 바라보는 인연 침 흘리더니, 황홀경에 빠져 혼불처럼 타올라 다시 시집이나 갈 것처럼 춤추었더냐? 스칠 추억 잊지 못해 그녀는 온몸으로 시를 읊고 있는 것만 같았다.

깜깜한 영월의 숲속 무아지경 속에 부르는 노래는 시가 되고, 욕망은 탈출이 되고, 만약에는 설레임과 기다림이 되고, 꿈을 찾아 서로 맞잡은 손과 손들은 만남의 꽃을 피우고 있었다. 이제 가면 언제 또 만나리...... 헤어지기 못내 아쉬워 또다시 만남을 예약하고 있었다.

칠흑 같은 밤 칠백고지 꼬부랑 산길을 어떻게 쉬이 기어올라 왔는지? 차도 사람도 용맹스러웠다. 폐교가 하늘아래 펜션이 되어 엄마 품속인 양 우리들을 폭 품어 안았었다. 학교 마당에 멍석을 깔고서 모락모락 피어오르던 인정들아! 따끈한 강원도 감자와 옥수수는 도시인들의 허기를 달래기 안성맞춤이었다.

머루 빛 포도인지? 머루인지? 검은빛 달콤함에다 검은 콩 동동주를 대접 채 벌컥 들이키다 취할 줄 몰랐더냐? 모닥불 피워 놓고 모닥불 타는 소리에 취해서 부르짖던 청춘은 저 넓은 운동장을 흠뻑 달구었더냐? 입 안에서 살살 녹던 산골의 진미와 지워지지 않는 칠백고지 모운동의 하룻밤을 어찌 잊을 수 있으리오……

그냥 그대로 머무르고 싶은 그대들과 잊지 못할 삶의 한 페이지는 그렇게 활활 타오르고 있었다.

강원도 영월에서 펼쳐진 김삿갓 탄생 200주년 기념 노루목 문화 큰 잔치는 보드라운 김삿갓의 능과 함께 김삿갓의 생가는 우리들 마음속 고향집을 연상하게 하였다. 신선들이 노닐었던 신비로운 강원도의 산천과 거대한 동강의 물줄기와 단종이 유배되었던 청령포를 두근거리며 밟아보았다. 수백 년생 금송도 어루만져보면서, 주위의 소나무들도 우연히 바라보게 되었다. 소나무들이 다 함께 단종이 승하하신 능을 향하여 일제히 한 쪽을 굽어 휘어져 뻗어 있음을 바라보게 되었다. 신비스럽게 단종을 기리는 한결 같은 나무들의 자태에 온통 나의 마음은 엄숙해지고 있었다.

더 높은 가을 하늘과 끝도 보이지 않는 수 백 년생 노송들과, 단종이 머물었던 유적지들과 그리고 녹쪽빛 동강 물빛과 우수수 깊은 흑백 산속의 흔들림과 김삿갓 천재시인의 생가와, 능 그리고 천연 그대로인 산천들이 잘 보존되어 있었음에 또다시 찾고픈 영월이 되고 말았다. 영원히 잊을 수 없는 신선한 쾌감이었다.

  전국 각지에서 수많은 관광객들을 불러 모우기에 영월은 너무도 넉넉하였다. 내 고향 부산에도 바다를 낀 해양 도시로 유명한 명소가 많지 않느냐? 여기 절대로 잊힐 수 없는 영월의 동강처럼... 잘 가꾸고 잘 개발하여 관광객들이 다시금 꼭 찾고 싶은 해양도시의 명소로 영월처럼 찬란하게 빛나게 거듭났으면 하는 소망이 마구 샘솟고 있었다.

2부 소통

## 초저녁 부전역에서 동해남부선을 타다

詩가 살아 숨 쉬는 부전 역에서
난생처음 집으로 가는 기차를 타던 날
해운대 광활한 바다와 하늘 한데 어울려
수평선 낭자한 저 핏빛 노을 속으로
기차를 타고서 걸어 들어간다
칙칙폭폭 뚜뚜뚜뚜 흩날리면서
마치 붉은 사랑을 다 쏟아 붓고서
서서히 침몰하는 자신을 보라한다
저 유혹의 눈빛이 손짓하고 있는
우리네 한 평생이 휴식을 취한다
앞으로 살아갈 날들을 위해
기차는 편히 쉬다 가라고 한다
뜬 구름 베개 삼아 적시던 노을이
하늘 가득 꽃불을 피워 올린다
시작과 끝이 공존하는 수레바퀴처럼
살다보니 결국은 제자리걸음이 듯
뜨거운 심장이 수면에 잠식된다
기차는 날 무등을 태우더니
눈 깜짝할 사이
송정바다 연화리 대변항을 스친다
내일 아침 출근을 위해
수평선에 흠뻑 얼굴을 씻는다
척척척척
칙칙칙칙
미지의 세상 속으로...

# 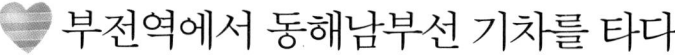 부전역에서 동해남부선 기차를 타다

부전 시장에서 집으로 가기 위해서 기차를 기다린다. 지난여름 부전역 맞이방에서 상설 시화전 개막식이 열리던 날 나는 부산 시인들과 함께 참석했었다. 제마다 자신의 창작시들 앞에서 폼을 잡고 사진도 찍었었다.

"금곡역 하차."라는 낙동강 물줄기를 찬미한 나의 시 앞에서는 흠뻑 행복감에 젖어서 무더위도 잊고서 한참을 머물었던 기억이 난다.

시가 살아 숨 쉬는 기차역, 여행하기 좋은 부전역에서 난생처음 기장의 집으로 가기 위해 무거운 배낭을 내려놓고 기다리고 있었다. 나는 여태껏 살면서 왜 몰랐을까? 기차를 타면 저 멀리 울산이나 대구나 대전이나 서울만 가는 줄 알았으니 참 한심함에 내 몸은 두근거렸다.

부전역 휴게실에는 차표를 끊는 사람들과 앉아서 기차를 기다리는 사람들과 방금 기차에서 하차하여 부전역으로 나가려는 사람들 그리고 오늘은 학생들이 단체로 여행을 떠나려 붐비고 있었다.

나는 설레임으로 가득차서 오후 5시35분 출발 동해남부선 기차표를 끊고서 앉아서 기다리게 되었다. 부산에서 부산 집으로 가기 위한 차표 한 장 속에는 6시 5분 기장 역 도착이라고 적혀 있었다.

지하철을 타든지 버스를 타든지 한두 번 하차하여야만 기장으로 갈수 있었는데 이게 어찌된 일인가? 기차의 편안한 좌석에 안겨서 너무도 안전하게 한 번 만에 무거운 짐을 들고서 하차하지 않아도 겨우 30분 만에 기장으로 날 데려다 준단 말인가?

택시보다도 자가용보다도 스치는 쾌속감에 너무 행복하였다. 부전역에서 출발해 곧 동래역 해운대역 송정역 기장역으로 향하고 있었다. 난 30분이라는 시각이 이처럼 짧은 줄 몰랐었다. 예순 넘은 나이가 되도록 동해남부선 기차를 한 번도 타지 않았으니 뭐가 그리 바쁜 삶을 살아왔더란 말인가?

서면에서 기장까지 근 2시간이 걸리던 교통수단이었는데 4호선이 생겨서 1호선 동래역에서 내려 4호선 종점 안평역에 하차하여서 또 기장 가는 버스를 기다렸다가 기장 청강리까지 타고 다녔었다.

한 시간 반이 걸리던 부전시장에서의 장보기를 이제는 단지 30분 만에 기장에 도착해 집으로 향할 수 있다니 행복감에 젖어들었다.

그날따라 나의 표정이 너무 무거웠던지 지나가던 아줌마 한 분이 "집이 어딘데요?"라며 나에게 말을 건네었다. 광안리행 버스를 기다리고 있는데 배낭 가득 찬 짐과 양손 가득 든 짐이 너무 안쓰러워 보였나보다. 그 아줌마는 기장까지 30분 만에 간다는 열차시각을 나에게 일러주셨으니 얼마나 고마웠는지 모른다.

나도 무거운 짐을 든 사람을 보면 꼭 집이 어디냐고 물어보기로 했다. 동네여도 해운대여도 송정이라도 기차를 타면 되니까 말이다. 누구에게 물어 본 일도 누군가 가르쳐 준일도 없었던 기차를 타고 다니는 쾌속의 안락한 교통수단에 매료되었다.

게다가 동해 남부선의 매력에 안겨서 정말 포근하였던 그날을 잊을 수가 없다. 또 초저녁 탁 트인 해운대바다의 일몰은 덤으로 다가온 황홀한 수채화였다.

시가 살아 숨 쉬는 부전역을 사랑하리라... 급히 집으로 가야할 상황일 때도 이용하리라. 또 여가 있는 날 꼭 울산 태화강을 찾을 것이며 동대구까지 달려보리라.

동해남부선은 말없이 날 기장역에 내려놓더니 열심히 척척척 청량리 서울까지도 가고 있었으니... 여태껏 몰랐으니 이제부터는 부지런히 동해남부선을 사랑하며 즐겨 타야겠다고 다짐하였다.

난생처음 집으로 가는 기차를 타던 날 해운대의 광활한 바다와 하늘이 한데 어울려 펼쳐지더니, 내 눈 앞에서 수평선에 낭자한 저 핏빛 노을 속으로 내가 마치 기차를 타고서 걸어 들어가는 듯하였다.

칙칙폭폭 뚜뚜뚜뚜 기적을 흩날리면서 마치 붉은 사랑을 다 쏟아 붓고서, 망망대해 황금의 바다로 서서히 침몰하는 나 자신을 우두커니 내려다보고 있는 것 같았다. 저 유혹의 눈빛이 손짓하고 있는 우리네 고된 삶이 휴식을 취하는 것 같았다. 앞으로 살아갈 날들을 위해 기차는 날 편히 쉬다 가라며 스르르 미끄러져 갔다.

  뜬 구름 베개 삼아 적시던 노을이 하늘 가득 꽃불을 피워 올리고 있었다. 시작과 끝이 공존하는 수레바퀴처럼 정신없이 살다보면 결국은 제자리걸음이었다. 뜨거운 심장을 수면에 잠식하면서 기차는 날 무등을 태우더니 어느새 송정바다 연화리 대변항을 스치더니 내일 아침 출근을 위해 수평선에 흠뻑 얼굴을 씻고 있었다.

  칙칙칙 척척척 미지의 세상 속으로... 열심히 정말로 열심히 살아 온 사람들아! 초저녁 부전역에서 어디 한 번 동해남부선 기차를 타 보려무나...

  다음 날도 내 발걸음은 기장역으로 향하고 있었다. 30분 안에 서면까지 갈수 있다는 역발상의 기차를 타기 위하여 기장역 송정역 해운대역 동래역 부전역 어제의 흐름을 역으로 추적하며 실려 가고 있었다.

  환승도 없이 쭈욱 빠르고, 편하고, 폭신하게 날 모시고 싶었기 때문이다.

#  가덕도의 살찐 굴

　난생 처음 가보는 가덕도이다. 배를 타야만 갈수 있는 곳 인줄 알았는데 차로 갈수 있었다. 지하철 하단역에서 가덕도 선착장까지 을숙도대교를 지나서 녹산공업단지 속으로 꼬불꼬불 하염없이 가고 있었다.
　부산의 모든 산업들이 이곳 녹산의 공단에서 생성되고 있는 듯 즐비하였다. 녹산도 첨 바라보았다. 마치 들판처럼 수많은 공단들이 끝없이 펼쳐져 있었으며, 컨테이너를 싣는 대형차들이 쉴 새 없이 가덕도 신항만으로 드나들고 있었다.
　가덕도의 봄날은 따뜻하고 해풍에 상큼하였다. 글쟁이들은 가덕도를 감상하느라 여념이 없었는데 유독 내 눈 속으로 들어 온 것은 저 건너 거가대교였다. 마치 거제도도 이웃 같은 느낌이 들었다.
　가덕도에 언젠가는 신공항이 생길 텐데 어디쯤인가 궁금했다. 저 산 너머에 거대한 허브공항이 생길 때쯤이면 또 얼마나 가덕도가 개발이 될 것인가? 그 날도 산을 깎는 공사가 한참 진행되는 중이었다.

일행은 가덕도에서 왜놈들의 탄약고가 있던 포부대 흔적을 찾았는데 오싹하면서 굴속으로 들어가 보았다. 이 따뜻한 조국의 남단에 까지 탄약고를 설치하였던 일본의 만행에 치를 떨었다. 한적한 시골초등학교 앞에는 300년도 넘는 거대한 고목아래 대원군의 비석도 우람히 세워져 있었다.

비릿한 신항만의 해풍을 맞으면서 오동동한 쑥밭에 앉아서 쑥도 캐었다. 도시의 쑥과는 생김새가 달랐다. 양지바른 청정에 해풍을 맞으며 자라서인지 쑥들은 짙푸르고 살쪘다.

쑥도 많이들 뜯고 가덕도를 한 바퀴 삥 둘러보았는데 이리 공기 좋은 바다마을에 살고만 싶어졌다. 바다를 스치는데 웬 굴 껍질들이 많이 쌓여 있었다. 갈아서 비료에 쓴다고 하지만 많은 양은 그대로 쌓여져 있었다.

가덕도 산을 오르는 사람들과 앉아서 쑥을 캐는 사람들로 나뉘어 졌는데 나는 물론 쑥을 캐고 있었다. 따뜻한 봄날의 가덕도에서 한 아름 쑥을 많이들 캐고 있었는데 등산한 일행들이 하산하고 있었다. 우리들은 서서히 가덕도 선착장으로 향하게 되었다.

방금 깐 싱싱한 생굴을 먼저 먹기 시작하였다. 뽀오얀 속살의 큰 굴을 입으로 넣는 순간 정말 살찐 바다를 머금고 있었다. 상큼하다고 할까? 아침에 건져 올려 방금 깐 싱싱한 굴은 톡 쏘는 향으로 입맛을 사로잡고 말았다.

이처럼 크고 싱싱한 굴들은 아침마다 한 트럭씩 가덕도 선착장에 출하되고 있었다. 청정 남해 바다에서 굴 종자가 무럭무럭 자라서 부산 가덕도에 도착된다는 사실도 알게 되었다. 거제까지 가지 않아도 거제 생굴을 먹을 수 있었으니 정말 행운이었다.

연이어 나오는 뽀오얀 굴국밥은 참으로 사람의 온몸을 회생시키듯 진한 향으로 맑은 바다를 삼키게 하였다. 난생처음으로 이토록 오동통한 굴을 삼키고 있었으며 진한 육수를 다 들이키고 말았다. 내 앞에 앉은 후배는 대뜸 "선배! 난 처음 먹어봐요"라면서 한 술 더 뜨고 있었다. 몸에 좋으니 많이 먹게나...

차를 몰고서 씽씽 달려와서 가덕도를 뼁 한 바퀴 다 돌고서 맛깔스런 굴로 배도 가득 채웠으니 등 따시고 배불러 집에 있는 식구들에게 좀 미안해졌다. 그래서 우리들은 한손에 가덕도의 진미인 생굴을 한 보따리씩 다 사고야 말았다. 제법 무거워도 마음은 한결 뿌듯하기만 했다. 왜냐면 방금 그토록 달게 혼자서만 배불리 영양 보충하였음을 식구들에게도 줄 수 있기 때문이었다.

가덕도 선착장에는 하단의 동아대학교로 가는 직행버스와 하단 지하철까지 가는 58번 버스노선이 있었다. 나는 눈여겨보아 두었다.

집으로 와서는 그대로 무와 콩나물을 좀 넣고 시원한 굴국을 끓여서 마지막에 마늘과 파와 들깨가루를 넣어서 식구들을 먹였다. 그러나 아이들은 굴을 싫어해 골라내고 있었다. 그냥 우러난 굴국만이라도 마셨으니 다행이다 싶었다.

아침에 일어나서 지혜를 짰다. 냉동실에 얼은 생굴을 도마 위에서 칼로 잘게 다졌다. 국물 속에 빠지면 굴인 줄 모를 테니까 말이다... 내 작전은 먹혀들었다. 소고기를 좀 넣고 떡국을 끓였는데 가덕도의 살찐 생굴을 다져서 맛있게 먹게 하였으니 말이다.

 세 명의 손주들은 뽀오얀 들깨와 소고기와 생굴의 변신을 이토록 맛있다면서 다 먹어주었으니 벙긋이 즐거운 미소를 지었다. 배추김치에 양념을 버무릴 때도 방금 꺼낸 냉동실의 굴은 김치 맛을 북돋우며 인기 만점이었다.

 아이들은 왜 할머니의 김치가 그토록 삼삼하고 맛이 좋은 비결이 가덕도의 싱싱하고 오동통한 생굴의 묘미라는 것을 아직도 모르고 잘도 먹고 있다. 하단 지하철까지 1시간 가덕도 선착장까지 1시간 왕복 4시간의 거리를 나는 몇 번이나 다녀왔는지 모른다.

 오늘도 하단에 볼일이 있어 갔다가 내 발걸음의 향방이 가덕도로 향하고 있었는데 아니나 다를까 올해 마지막의 굴을 채취하는 날이 오늘이라고 했다. 나는 운이 좋게도 그 살찐 가덕도의 굴 2킬로를 더 살 수가 있었으니 비를 맞고 돌아오면서도 너무나 흡족하였다. 오전에는 맑았는데 저녁부터 쏟아지는 비는 머리로 얼굴 위로 흩날리고 있었다. 양손 가득 생굴이 너무 무거워도 할머니로서 걸어갈 수 있었다. 손주 셋의 해맑은 웃음과 배부른 투정이 자꾸만 떠올라 기꺼이 견딜 수가 있었던 것이었다.

 생떼 같은 아이들을 다 이렇게 키웠을 텐데... 가슴 쓰라리는 세월호의 참혹한 차가운 바다 밑에서 청춘의 꿈도 펼쳐보지도 못한 자녀들이 싸늘히 누워있지 않느냐 말이다. 먹을 수도 잘 수도 울 수도 없는 기막힌 세상에서 조금이나마 내 육신을 혹사하고 싶어만 졌다. 나는 오늘도 더 열심히 삶을 헤엄쳐 나가고 싶어졌다.

# 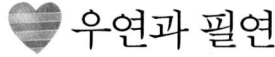 우연과 필연

우연히 만났는데 필연적으로 만나고야 말았다. 거짓말처럼 기적처럼 아버님 가신지 이미 15년이 훌쩍 넘은 세월인데 영혼은 내게 흥건히 머물러 있다고나 할까?

당신의 그 다정했던 인연의 끈 자식 대에도 맺어지려나보다. 육신은 흙이 되어 사라져도 영혼은 살아 있다는 증명을 체험했다고나 할까? 그 분을 만난 날도 그 다음날도 아니 지금까지 내 몸과 마음은 떨리고 있다. 모래알처럼 수많은 사람들 중에서 내가 어찌 당신의 딸이라는 것을 느낌으로 감지할 수 있단 말인가?

나는 오늘도 이 의문을 풀길이 없어서 '우연과 필연'이라 명명하며 그 흔적을 남기려 한다. 시낭송회가 열렸던 가을 어느 날 밤이었다. 화사한 의상을 뽐내며 창작시 한편에 제법 폼을 잡고서 감성이 깃든 시낭송을 했을 뿐! 그 짧은 3분 동안에 어찌 그 분은 나의 뿌리를 캘 수 있었던가?

생전 처음 만나는 사람한테서 아버지의 존함을 듣는 억겁의 인연이 스치는 떨림이었다. "혹시 아버님 존함이 세관에 다니시던 송진식 수사계장 아닌지요?" "선생님은 누구시기에 제 아버님을 아시는지요? "제가 어찌 딸임을 아시는지요?" 두근 두근거리며 방망이질하던 그 날 그 회식 자리에서 나는 그 분이 권하는 소주잔을 비울 수도 들 수도 없었다. 분명 온 몸은 사시나무처럼 떨렸으며 붕 떠있었다. 한 번도 당신의 직장에 찾아간 일도 심부름을 한 적도 없었기 때문이다.

그러니까 20여 년 전 그분은 아버님의 상사였던 것이었다. 옷깃만 스쳐도 인연이라는데 삼분의 시간동안 내 표정을 관찰하다 유추하여 옛 부하직원의 모습을 찾아냈다는 그 믿기지 않는 기적 같은 존귀한 인연이 맺어지고 있었다. 오늘 그 분을 뵈러 가는 내 발걸음은 한 발 한 발이 너무 소중하였다. 맛깔나게 톡 쏘는 여수 돌산 갓김치를 열흘 동안 숙성시켜 고이 받들며 그 분 댁으로 향하고 있다. 마치 아버님 댁으로 맛있는 음식을 갖다드리는 것처럼 가득 찬 기쁨으로 충만하였다. 대뜸 전화함 당황스러워 하실까봐 전화도 올리지 않고 사모님께 인사도 드릴 겸 조심스레 다가가고 있었다.

내 표정에서 아버님의 모습이 스치는 찰나 그 분도 얼마나 놀라셨을지? 자신도 모르게 유추한 예지력에 정작 그 분은 더 놀라시지 않으셨을까? 조심스레 벨을 누리는 순간 집에 안 계실 시각임을 그때서야 알아챘으니 나 자신 그 기적 같은 상황의 포로가 되어 있었기 때문이었다.

경비실에 맡김을 알린 그 분과의 통화는 마치 아버님의 음성을 듣는 것처럼 기쁨이 피어오르고 있었다. 돌아서는 내 발걸음은 그 분의 음성을 듣는 것 만 으로도 행복하였다. 처음 만난 그 날 밤은 그 분도 놀라고 나도 놀란 영원히 잊을 수 없는 잊어서는 안 되는 그런 밤이었다. 분명 둘 다 콩신발 가슴에 안고 뒤척이는 그런 밤이 되고 있었다.

이제 문학인으로서 어깨를 나란히 수필을 쓰고 있다. 그 분의 글귀를 읽을 때마다 마치 아버님이 들려주는 말씀처럼 진한 감동이 밀려오고 있으며 책읽기에 더욱 흥미를 느끼게 되었다. 특히 그 분이 추구하는 수필의 세계에 흠뻑 매료되고 있었다.

어쩌다 일 년에 몇 번 정도 모임에서 뵐 수밖에 없으니 내가 자주 찾아 뵈어야겠다. 한평생을 부산항 그 차가운 물살을 가르며 밀수선을 잡기 위해 동분서주 출동하시던 당신들의 모습은 항상 두터운 외투 깃을 올리며 새벽 밤 대문을 나서는 모습이셨다.

희망 가득 의지에 찬 사람으로 키우기 위해 무엇이든 다 된다며 다 할 수 있다며 용기를 늘 심어 주셨던 그 긍정의 아버지를 어찌 잊을 수가 있겠느냐? 형제들아! 그 뜨거운 애정의 목소리 가득 품었으니 우리들은 그토록 행복하였으며, 어떠한 불행이 와도 박차고 나갈 수 있지 않았느냐?

이웃에겐 늘 온정의 손길을 펼쳤던 부모님이셨고 항상 고운 보자기에 무언가를 어디로 선물하셨던 그 은총의 손길을 보면서 커 왔지 않느냐? 칠순의 나이에 꿔 준 돈 받으러 갔다가 오히려 안타까워 쌀 포대와 라면 한 박스를 주고 오지 않았더냐? 남의 아픔을 결코 소홀히 넘어가지 않으셨던 도움의 품격이셨기에 아마 그 분도 당신의 존재를 정녕 떠나보내지 못하고 가까이 간직하고 계심이리라.

　오늘도 하늘나라에서 지켜보시며 벙긋한 미소로 용기를 불어넣어 주고 계시는 것만 같다. 이 밤도 잠 못 이루는 저희들 가슴을 어루만져 주시면서 우연과 필연의 기적을 가져다주시는 것만 같다.

　침묵 속에서도 연결되는 인간관계 인연의 강물 되어 만나라 한다. 그냥 그렇게 나아가라. 그냥 그렇게 만나 거라. 수시로 매순간마다 우리들에게 축복을 내려 주신다. 기적 같은 상황을 안겨다 주심이 어디 한 두 번이라야 말이지.

　나는 그 분과 지인의 관계로 귀한 인연으로 소중한 만남으로 거듭나는 인생을 살아갈 것이다. 그 분이 추구하는 수필의 세계인 정신문화의 빈곤을 치유하는 그 수필 문학의 세계에 첨병 뛰어 들어야겠다.

　거짓말처럼 기적처럼 언제 어디서나 다정했던 음성이 귀를 적신다. 육신은 바람에 사라졌으나 고결한 부모님의 영혼은 내게 흥건히 머물고 있기 때문이다.

## 🩶 눈이 행복한 봄날

춥다고 문 꼭꼭 닫지 말아라. 눈과 얼음 바람 속에서도 따뜻한 봄 손꼽아 기다리는 봄비가 내리고 있다. 2월 초순 봄비가 매화 콧잔등 어루만지면서 내리더니 서서히 비단 꽃봉오리 매화가 몽글몽글 맺히고 있었다. 앙상한 가지 위 하얀 눈꽃송이가 오롯이 박혀있는 것 같았다.

어느 날 나는 우연히 창가에서 정원을 바라보면서 세심한 관찰일기를 펼치고 있었다. 어디서 날아 왔는지 수백 그루의 분재들을 숲속으로 착각했는지 나그네 새 한 마리를 지켜보게 되었던 날이다.

꽁꽁 언 연꽃단지 살얼음판 위로 빙그르르 한 번 맴돌면서 내 디디는 새의 춤사위를 보게 되었다. 삐죽거리며 훔쳐보는 듯 비단 꽃봉오리 하나 둘 맺혀 있던 앙상한 매화나무 가지 위로 퍼드덕 날아 올라갔다. 앉았는가 보는 순간 아뿔싸! 눈 깜짝할 사이 날름 매화꽃봉오리를 먹어버렸다. 그 찰나의 기막힌 영상을 난 똑똑히 지켜보았으니 행운이었다. 겨울산천 허기진 새들이 도심의 정원까지 쳐들어 와서 매화꽃봉오리를 노리고 있었다.

나는 냉큼 달려 나가서 훠어이 훠어이 소리 지르면서 다시는 못 오도록 고함을 쳤었다. 채 피지도 못한 매화 비단 꽃송이를 따스한 체온으로 어루만지고 있었다. 괘씸한 나그네 새 한 마리 때문에 매화 그 아리따운 사랑의 밀어를 속삭여 주었었다.

3월 중순 봄이 왔다고 산자락이나 도심의 길목마다 노오란 개나리 흐드러지게 피어나 봄을 부르고 있었다. 또 산수유 군락지가 보고파 단숨에 치닫던 지리산 산자락에서도 샛노란 산수유 꽃잎마다에 노오란 정을 흠뻑 맺어 보았다. 노란 산수유 수없이 만개한 군락지에서 봄날의 내 눈동자는 분명 황금빛 들녘처럼 물들여지고만 있었다. 저토록 샛노란 산수유가 파아란 열매로 바뀌면서 드디어 빨갛게 익어가는 보약 산수유 열매를 잉태하며 그 열매는 무기성분을 많이 함유하고 있어서 각종 성인병과 면역기능 강화에 으뜸이라고 한다. 사람들은 신토불이 산수유를 구하랴 대단한 관심을 기울이고 있었다.

4월 초순 벚꽃 분분한 낙화사이로 홍매화 꽃망울 겹매화 꽃술의 웃는 눈매도 풍부하였었다. 등나무 보라꽃술 울타리 아래에서 정든 사람들과 보라꽃술 그네도 타 보면서 바로 눈앞에서 수많은 꽃비를 마구 흩날렸던 그 찬란했던 봄날의 스케치를 어찌 잊을 수가 있겠는가? 또 진달래 듬성듬성 고운 산은 얼마나 사람들의 마음을 진분홍 연서로 물들이고만 있었는가?

들판에 쑥들이 솟아날 때면 산은 온통 연초록 저 여린 것들의 꽃잎사귀들이 봄 산을 얼마나 상큼하게 넋을 잃게 하고 있는지 아는가? 사람들은 봄바람타고 산을 찾는다.

철쭉이 만개한 지리산 바래봉 8부 능선을 훑으며 타 보았던 발걸음들... 지난날의 추억들은 내 눈동자 속에 꼭꼭 숨어서 분명 눈이 행복했었던 그 날들을 살면서 어찌 잊을 수가 있겠는가? 철쭉 만개한 그대 눈 속에 풍덩 추락해 보았었다. 수천만 송이 꽃송이 속에 파묻혀서 분명 시든 삶의 근심을 훨훨 흩날려 버렸었다.

난생 처음 바라보면서 만져보았던 주먹만 한 왕 꽃송이들은 방실방실 눈웃음 가득 신고서 내 발아래 푸른 하늘과 흰 구름들 발로 차가면서 두리 두둥실 철쭉의 하늘 열차를 타고 치닫고만 있었다.

내 눈 속에 그대가 들던 그리운 그 시절 봄날의 추억들은 지금까지 내 삶의 찬란한 홍실의 꽃비를 뿌려주고 있는 것만 같다.

말없이 끊임없이 출렁대며 피고 지는 봄꽃들의 향연 속에는 우아한 목련과 요염한 자목련을 피워 올리며 꽃망울을 활짝 터뜨려 만개하더니 하나 둘 낙엽처럼 떨어지고 있었다. 오동도의 동백꽃도 붉은 담요를 펼치며 대지를 덮고 있었다.

동백꽃 매화 개나리 벚꽃 진달래꽃 연분홍 왕벚꽃 살구꽃 산철쭉 신비로운 작약꽃 금낭화 유채꽃 나풀대는 노란 열무꽃 그리고 튀밥 같은 복숭아꽃술의 만개 속에서 청춘들의 사랑도 황혼들의 미련도 피어나고 있었으니 정말 눈이 행복한 봄날이지 않느냐?

오월을 건너갈 때 쯤 이면 청보리밭의 향연은 또 어찌 할거나? 청보리밭 둥지 살랑거리는 오후 숨어든 나비 한 마리 바라보다 파아란 맨살 비비적거리며 들바람에 실려 온 파란 풍물패의 장단에 입맞춤하는 저 청보리밭에 주저앉아 보았는가? 온 몸으로 말하는 듯 새파란 노래를 풋풋하게 부르면서 보릿대춤을 추는 청춘의 보리밭 춤사위가 되어보았는가?

오월의 신록은 태양이 좋아 해바라기 흑장미 백합들의 함박웃음을 짊어지고 산들산들 춤추고 있었다. 그윽한 산 속의 한 나절 주먹만 한 홍매화 왕 꽃송이들은 덩달아 아우성을 지르고 있었다.

눈이 행복한 봄날에 마음까지 행복해지는 봄날의 숨소리가 된다.

# 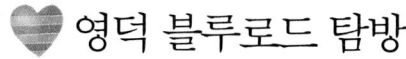 영덕 블루로드 탐방

  일탈을 꿈꾸면서 잠을 설쳤다. 늦으면 동해안 블루로드를 감상하지 못하므로 잠을 설친 새벽4시부터 아예 깨어나 있기로 마음먹었다.

  동해의 청정 바닷길로 봉생문화 역사탐방팀 41명 일행이 떠나는 날이다. 겨울인데 날씨가 포근하고 햇살도 따뜻하였다. 영일만의 바다인 호미곶 해맞이에서 한해의 소망과 기원을 가득 채우기 위해서였다. 7호 국도는 동해안을 따라가는 최고의 드라이브 코스였다.

  가는 날이 장날이라더니 온통 눈에 폭 싸인 산야가 펼쳐지고 있었다. 사박사박 눈밭에 빠지면서 걸어 보았으며 청동의 손 빼고는 다 눈 덮인 세상이었다. 백색의 눈과 청색의 바다는 반사되면서, 더욱 눈부신 빛으로 우리들의 심신을 달래주고만 있었다. 호미곶은 하나도 변하지 않았는데 청동의 무동을 타고서 스쳐간 사람들은 간곳이 없었다. 초자연의 원시바다는 우리들에게 젊은 날의 청춘을 되새겨 보라는 듯 하얀 백설을 등에 업고서 짙푸른 파도인 젊음의 광채로 눈부시게 밀려오고 있었다.

　녹색 바다는 시린 청동의 눈빛으로 사람들을 쳐다보고 있었다. 바다와 태양과 구름의 숨결이 한 곳에 와 닿는 호미곶의 바다는 영원히 사라지지 않을 기나긴 순례자의 말씀처럼 원시파도는 쉼 없이 밀려오고 있었으니 대자연의 원대함 앞에서 유한한 삶 앞에 인간의 아옹다옹은 너무도 초라하게만 느껴졌다.

　과메기 덕장 사이사이로 피어오르는 태양도 그대로였고, 시간도 멈추고 슬픔도 멈추고 아무도 다가서지 못하도록 하는 저 원시바다는 천천히 치닫는 저 눈부신 유혹의 파도로 아직도 지치지 않고 뭍으로 향하고만 있었다. 억겁의 세월동안 내뱉은 파도의 심장박동소리를 들으면서 호미곶 바닷가에서 싱싱한 해풍에 오장육부를 다 씻고 가는 것만 같았다.

　파도는 마치 거품을 던지는 고래의 정열로 날 흥분시키고 만 있었다. 마냥 이렇게 날 내버려 두고만 싶었다. 드높은 파도에 쓸려가는 물살 따라 바다 깊숙이 맞비비면서 미친 듯이 날 훑어가고 있었다.

　영덕 블루로드는 푸른 해안선을 따라서 사람들이 걷기 좋도록 나무 데크로 쭈욱 조성되어 있었으니 우리 일행은 눈밭에 미끄러우면서도 바다를 향하여 계속 돌진하는 스릴도 맛보면서 걷고 있었다. 영덕 강구항에서 병곡항 해안길과 영덕 삼사해상공원에서 영덕 해맞이 공원으로 한해의 소망에 두 손 모우면서 그렇게 명품 녹색길을 걸어가고 있었던 것이다.

　눈이 소복이 쌓인 바닷길의 계단은 나무라도 미끄러웠는데 우리들은 밧줄에 두 손을 잡고서 몸을 매달리면서 눈밭의 갓길로 미끄럼을 타듯이 훑어 내려가고 있었다. 마치 한 사람씩 밧줄을 타는 시범 훈련을 하는 군인들이 되었었다. 바다 아래로 진격하는 해병대의 모습처럼... 흔들흔들 밧줄을 동여맨 기둥은 몇 갠가 넘어져 있었으니, 정말 오싹한 스릴감을 맛보고 있었다.

　머리부터 발끝까지 바람의 그리움에 흰머리를 휘날리듯이 그렇게 설경속의 물새 등에 훨훨 매달려가는 것만 같았다. 해풍과 청백의 눈부신 빛의 바다인 영덕 블루로드를 찾아서 한참을 걷노라니 흠뻑 명상에 저절로 젖어들 수 있었다. 환상적인 잉크 빛 원시바다는 우리들을 유혹하면서 늘 손짓하고 있을 것이다. 영덕 해맞이 공원에서 영덕 대게공원까지는 푸른 대게의 길 또는 해파랑 길이라고 불러지고 있었다. 동해안의 청정바닷길을 따라 와서 대진 항 까지는 또 크고 작은 어촌 풍경들이 정말 멋있는 한 폭의 수채화였었다. 곳곳의 너럭바위 위서 아슬아슬하게 낚시를 하는 사람들도 낚싯대의 행복감을 기다리는 것 같았다.

　특히 원시바닷가에 시커멓게 깔려있는 청정미역을 먹어서인지 해안가의 갈매기들은 너무도 오동통하게 살쪄 있었고, 바위들마다 제각기 아파트의 평수를 자랑하면서 엄마아빠 자녀들 온가족이 옹기종기 행복한 한나절을 만끽하고 있었으니, 어찌나 많은 갈매기들의 청정 보금자리를 실컷 바라볼 수 있었던 것이다. 동해바다 너럭바위 위는 갈매기들의 서식지였다.

　창가에 나란히 앉은 친구와 나는 갈매기들의 머리수와 청정 미역의 출렁임에 감탄하던 찰나에 불현 듯 물을 화악 뿜으면서 치솟아 오르는 고래 한 마리의 장관마저 보고 말았으니, 어쩌면 영덕 블루로드의 백미가 아니겠는가?

뽀오얀 설경은 덤으로 다가 온 행운이었으며, 오동통한 갈매기들의 행복한 보금자리들도 따뜻한 삶의 풍경이었으며, 빨랫줄에 매달려 시종일간 해풍에 건조되고 있는 오징어들의 춤도 멋있는 동해안의 커튼 이었으며, 또 맛있게 군침을 흘리며 즐기는 삶의 진풍경을 주고 있었다.

이번 영덕 블루로드는 무료한 일상에 짙푸른 녹색 선물을 듬뿍 안겨주고 있었다. 우리들은 그 청정의 진가를 위해 환경을 지키면서 후손들에게 저 영원한 원시바다를 물려주어야겠다.

# 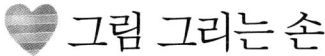 그림 그리는 손

딸은 여름 내내 배운 수채화그림들을 주고 갔다. 저녁 먹은 밥상을 정리하고 난 후 고요히 딸의 그림들을 마주하였다. 처음엔 대충 보았지만 눈을 의심하며 바라보게 되었다. 열장의 유화와 수채화를 번갈아서 보는 순간 내겐 마치 "고호"의 그림만 같았다. 수채화를 배운다고 문화원에 일주일에 한 번씩 3달 배운 게 고작인데 놀라운 그림 실력만 같았다. 정말 내 딸이 그린 그림이란 말인가?

그러니까 15년 전쯤의 일이 생각난다. 언젠가 IMF가 닥치던 해였다. 사대교육학을 전공한 딸은 교생실습도 마쳤건만 교사발령이 나지 않고 있었다. 공교롭게도 나라에 불어 닥친 경제의 한파처럼 교사의 길도 아득히 멀기만 했었다.

딸은 박차고 일어나서 노라노 양재학원의 디자인공부를 시도하였다. 나는 그때 왜 딸이 디자인을 새로 공부 하려는지 퍽이나 속이 상하기만 했다. 그 당시 사대 4년 등록금을 채 갚지도 않았기 때문이다. 교육학은 한 학교에서 한 두 명만 채용하였으니 중등교사 발령의 꿈은 물거품이 되고만 있었다.

그래서 다시 도전하고 있는 딸의 디자인 공부를 지켜 볼 수밖에 없었는데... 딸은 손안의 즐거움으로 3차원 세상 속으로 나아가더니, 몇 년 안에 2D, 3D 자격증을 따더니 경성대 건너편 센추리 빌딩 안에서 머리 동여매고 만화영화를 만드는 젊음들에 합류하였었다. 궁금하기도 하고 딸이 보고파서 희망 가득 찬 젊음의 치열한 현장을 답사하고 싶어서였다. 근 50여명의 인재 속에 앉아서 그림을 그리는 딸의 대견한 모습이 보였다.

아버지가 평생 교육자시니 마땅히 교직의 길을 가는 게 당연하다는 뜻으로 딸이 좋아하는 게 뭔가도 물어보지도 않고서 결국 사대를 보내게 되었었다. 채 발령도 나지 않게 되었었고, 그토록 어려운 컴퓨터 속의 만화영화를 그리고 있는 딸을 창밖에서 바라보고만 있었을 때 너무 안쓰러워서 뒤늦은 후회감이 마구 밀려오고만 있었다. 왜냐면 끼니도 걸러 가면서 그 어려운 컴퓨터 속 그림을 그리지 말고 자기가 그리고픈 그림들을 마음껏 그리게 할 걸? 그 순간 미안함이 마구 출렁거리고 있었다.

일 초에 캐릭터를 구상하고 일 분만에 창조되는 그래픽 세상을 향하여 컴퓨터 화면 속에서 수 백 번씩 두드리고 두드려서 그림들의 장작을 패는 소리... 그림들의 장작을 쌓는 소리... 그 당시 수많은 아티스트들이 의자에 앉아서 머리 싸매고 하루 온종일 만화영화를 만들고 있는 어렵고 안쓰러운 현장을 한참동안 바라본 적이 있기 때문이다. 나는 몇 번이나 손자를 업고서도 딸의 점심을 사 먹이러 갔던 기억이 난다.

차곡차곡 파트별로 그림을 완성하여서 디스켓에 각각의 명찰들을 붙여 놓고서 센텀시티의 광장에 도전할 한 편의 만화영화를 위하여 번쩍이는 아이디어를 짜느라고 끼니도 걸러 가면서 도전하고 있던 그 피나는 경쟁들을 몇 번이나 창 밖에서 훔쳐보았다.

그 치열했던 젊은 인재들은 드디어 "윈디랜드" 바람의 이야기라는 3D 만화영화를 출시하게 되었다. 그 날 나는 손안의 즐거움으로 똘똘 뭉친 인재들에게 축하 떡을 해 갔었다. 세상에 빛을 본 한 편의 만화영화 속에는 무수한 아티스트들의 재치와 위트와 노력이 존재한다는 사실을 저절로 터득한 나는 그 CD를 껴안고 잠이 들고 싶었었다. 그 속에는 내 딸의 눈부신 배경화면 작업이 구름처럼 피어나 흐르고 있었으니까 말이다.

그 당시 나라의 경제 사정 탓으로 두 번째 작품이 거의 반 이상 진행되었으나, 채 완성을 못하고서 그 희망찼던 손안의 인재들의 꿈은 중지될 수밖에 없었을 때 딸의 자녀를 키워주던 나는 몹시 서글펐던 기억이 난다. 근 일 년 치 임금도 한 푼도 받지 못하고 그렇게 그들은 주저앉고 말았었다. 그 인재들의 두 번째 작품은 지금도 빛을 보지 못한 채 경성대 어느 창고 구석에 보관돼 있다고 딸이 말했을 때 나는 너무나 가슴이 저렸었던 기억에 지금도 안타까워서 스쳐지나가지 못하고 가슴속에 걸려만 있다.

세월은 흘러 그 당시 딸은 집에서 슬픔을 달래면서 성모마리아를 그려서 집 거실에 걸어 둔 적이 있다. 그때 그 성모마리아 스케치가 실물처럼 살아 움직이면서 성모마리아는 내게 "왜 성당에 나가지도 않고 기도생활을 안하느냐"면서 호되게 눈초리로 꾸짖는 것만 같아서 소름이 쏴 돋은 적이 있다.

 그래도 엄마인 나는 내가 좋아하는 글쟁이의 길을 걷고 있었으나, 딸은 좋아하는 그림을 그리지도 못하고, 교사 발령도 나지 못하고 마! 시집가서 아이 셋을 낳은 엄마의 길만 걷고 있었으니, 내 가슴은 살아 움직이는 성모상 앞에서 미안스럽기만 하였었다.

 그때 진작 딸의 그림 실력을 인정은 했지만 다시 미대를 보낼 생각은 하지도 못했었다. 세월이 성큼 흘러가버린 지금에서야 딸이 주고 간 그림들 앞에서 이처럼 딸이 화가의 재능이 있다는 사실을 진작 알아 차리지 못한 미안한 마음에 죄스럽기만 하였다. 태어날 때 오른 손등 위에 새파란 몽고반점이 한참 동안 크게 머물러 있었는데 아마도 그 짙푸렀던 몽고반점의 의미가 "그림 그리는 손"임을 강조하는 것만 같아서 엄마인 나로서 뒤늦게나마 딸의 그림을 밀어주고만 싶어졌다.

 며칠 전 경성대 앞에 볼일을 보러 갔다가 나 자신도 모르게 발걸음이 화방으로 향하고 있었다. 화구들과 물감을 사기 위해서였다. 뽀오얀 유화액자와 수채화 스케치북과 물감을 한 아름 안고서 집으로 향하는 들뜬 마음은 마치 내가 그림을 잘 그리는 화가가 된 듯이 두리 두둥실 구름이 되고 있었다.

 神이 주신 고마운 선물을 따뜻이 가슴에 껴안은 산모처럼... 내 발걸음의 향방은 그림을 그리는 손을 가진 딸에게 소중한 선물을 갖다 주기 위해서 양팔 가득 끌어안고서도 냉큼 달려가고 있는 행복한 발걸음이었다.

 풍경

    금요일이면 수필 강의를 듣기 위하여 대학생이 되는 것 같다. 10시 강의에 늦지 않기 위해서 빨리 아침에 움직여야만 한다. 가족의 아침밥을 챙기고 설거지까지 해 놓고 기쁘게 기장군청 9층 인문대학 강의실로 향한다.
    20명만 수강할 수 있는 기회를 얻은 우리들은 행운이었다. 젊은 여대생 한 명과 이웃마을 정관의 아저씨들과 이웃 아줌마들이 옹기종기 배움을 갈망하며 강의를 듣게 되었다. 중늙은이들과 젊은 아줌마들이 수필을 배우려는 열기는 대단하였다. 그 속에 나도 끼어서 한 번도 결석하지 않고 열심히 배웠다.
    일주일중 금요일 강의시간은 금방 다가왔다. 무더위로 땀이 줄줄 흘렀으나 숨 가쁘게 강의시간에 지각하지 않기 위해서 지름길인 들길로 나는 잽싸게 걸어왔다. 수필 창작반 반장은 내내 음료수를 서비스하고 있었으니 고운 마음씨였다.  절전으로 에어컨도 시원하지 않았고 선풍기

바람으로 더위를 달래시며 강의에 심혈을 기울이시는 교수님과의 소중한 만남이었다.

줄기차게 이어지는 수필 창작반 교수님의 강의를 한 줄도 빼먹지 않고 기록해 가면서 중요한 말씀은 빨간 줄을 그어가면서 공부하였다. 젊을 때 이리 열심히 공부했더라면 얼마나 많은 지식을 쌓을 수 있었겠는가? 늦은 공부이지만 그래도 시작이 반이라고 하지 않더냐?

모두들 자신이 창작한 수필 한 편씩을 읽고 난 후 예리한 교수님의 평론을 듣는 시간은 수필 창작에 또 다른 큰 도움이 되고 있었다. 왜냐면 자신은 자신이 쓴 글에 대한 정확한 평가를 할 수 없기 때문이다. 자신이 쓴 글이 다 잘되었다고 그리 느끼기 때문이다. 각각 자신의 글 속에서 수정할 사항과 첨가해야겠다는 부족함도 스스로 깨닫게 된다.

그러면서 남의 글에서 좋은 점과 많이 늘어놓는 점을 단축해야겠다는 사실도 깨닫게 된다. 또한 설명이 미비하다는 것도 발견하기 때문에 남의 수필낭독을 들으면서 자신의 글과 비교 분석할 수도 있었으며, 거듭 탈고도 할 수 있기 때문이다.

나는 현대시를 전공하였지... 수필은 처음으로 강의를 듣는다. 나름대로 틈틈이 써둔 수필들을 온전히 탈고할 수 있는 좋은 기회가 다가온 것이다. 다 기장으로 이사 온 행운으로 알곡 같은 수필창작 강의를 들을 수 있게 되었다.

물론 곁에 앉은 긴 머리 멋쟁이 아우도 마찬가지이다. 그러고 보니 특별한 일 말고는 모두들 결강하지 않은 것 같다. 외손녀의 드레스를 손수 만들어 입혔다는 우리 아파트에 살고 있는 친구도 결코 결석하지 않았으며 열심이었다.

 오전에 유치원 차에 손녀를 태우고 난 후 하루 종일 손녀를 기다리면서 손녀를 위해 그림책도 열심히 탐독하였다는 친구는 손녀의 지극한 사랑을 적다보니 분량이 많아져서 줄이고 줄여서 드디어 한 편의 손녀 사랑이 완성 될 수 있었다.

 "기장사람들" 신문에 칼럼을 쓰시는 아저씨는 정관에 사시는데 여자친구 분과 함께 수필창작 강의를 들으셨다. 그리고 어린 날 구멍가게에서 슬쩍 한 것이 마음에 걸려서 회개하는 한 편의 수필은 정말 잔잔한 감동이었다.

 내 앞에 앉은 여린 여인은 친정엄마와 시어머니 두 분 다 요양원에 모셔 놓고도 수필공부에 열심이었다. 자신의 삶을, 친정엄마의 기막힌 삶에 대해 글을 써보려고 왔다고 한다. 조금만 슬픈 이야기에도 엄마생각이 나서 곧잘 눈물을 짓는 여인이었다. 그녀의 삶 자체가 진솔한 수필이었으니 열심히 배워서 글을 잘 쓸 수 있기를 기원해 본다.

 맨 앞줄에 앉아서 중국어도 열심히 배우고 수필공부도 열심히 하는 젊은 친구는 무엇이든 개척해 나갈 수 있을 것 같은 투지의 여인 이었다. 또 맨 앞의 친구도 다소곳이 수필 공부에 전념하고 있었으니... 모두의 삶이 곧 한 편의 멋진 수필인 것만 같다.

 긴 머리 멋쟁이 친구는 열심히 수필을 배워서 자신을 지극히 사랑하는 남편에게 멋진 글을 남기고 싶다고 말하였다. 그 말을 듣는 순간 왜 그녀는 그리 멋을 부리며, 멋진 액세서리로 자신을 환하게 치장하고 다니는

지... 얼굴엔 늘 행복한 미소가 번지고 있었는지... 그것은 오직 남편의 사랑을 듬뿍 받으면서 살고 있기 때문이었다.

난 정말 부러웠다. 왜냐면 남편의 지극한 사랑을 글로서 표현하고 싶다는 해맑은 그녀의 미소 때문이었다. 쏜살같이 스쳐가 버리는 인생 길 위에서 과연 몇이나 되는 여인이 자신을 지극히 사랑해 주는 남편을 위해서 글을 바치고 싶다고 말할 수 있겠는가?

동창회에 가면 다 원수 같은 남편이라면서 푸념들을 늘어놓고만 있는데 말이다. 응당히 밥하고 빨래하고 자녀들을 다 키우고 이제는 손주들까지 보살피고 있는 시간표 같은 아내이겠거니... 돈 벌어다주는 남편이겠거니... 애들 아버지 이겠거니... 모두들 그렇게 밋밋하게 살아가고 있기 때문이다. 그녀의 가슴 벅찬 남편의 지극한 사랑 때문에 내가 덩달아 기분이 좋아지고 있었으며 내 곁에 앉히고만 싶어졌다.

달관된 교수님의 강의 중에서 가장 귀를 세우며 들은 것은 하루에 한 시간씩 자연 속으로 뛰쳐나가서 눈으로 피부로 자연을 음미하라며 강조하셨다. 즉 바람 부는 날의 왕릉과 비 오는 날의 왕릉과 햇빛 찬란할 때의 왕릉을 다 각각 느껴 보아야한다고 말씀하셨으니 우리 모두 교수님처럼 탐색하는 작전을 배우기로 하자.

마지막 강의에서는 우주는 도서관이라고 말씀하셨으니... 우리들은 부지런히 밖으로 뛰쳐나가서 자연을 벗하면서 피부에 와 닿는 느낌을 많이 접하면서 문학적 감수성을 일깨우는 노력을 게을리 하지 말아야 된다고 강력히 인식시켜 주고서 강의를 마치셨다.

빙 둘러앉아서 석별의 정을 나누는데 울음보 그녀는 또 눈물짓고 있었다. 그녀가 해 온 송편은 뜨거운 그녀의 눈물 같아서 목에서 잘 넘어가질 않는 것 같았다. 왕송편 하나만 먹어도 요기가 되었고 그녀의 따사로운 눈물의 향기가 전해졌다.

왕송편도 해오고 왕포도도 사오고 나도 덩달아 매실과 블루베리 주스를 직접 냉동에 얼렸다가 밤새 내려놓아 상큼한 보라색 주스를 만들어서 다 함께 나누었다. 우리들은 수필 창작반에서 다시금 만나자면서 함박웃음을 나누었다. 제일 막내인 대학생은 상경해서 못 나온다는 아쉬운 소식과 또 사정으로 수필공부에 못 온다는 친구들과 석별의 정을 나누면서 헤어졌다.

부경대학에서 들을 수 있는 수필창작 강의를 집 가까이에서 들을 수 있는 기회를 준 부경대학교 평생교육원과 기장군청에 무한한 감사를 드리고 싶다. 왜냐면 수필 강의를 듣기 전에는 내가 쓴 글에 뭔가 부족한 것만 같아 소심했는데, 강의를 차곡차곡 들은 후에는 왠지 나 자신이 당당해지는 것을 느꼈기 때문이다. 석별의 정을 나눈 문우들의 가슴에도 다 희망찬 발걸음이 되고 있을 것이다.

우리들은 더 배우고 싶어서 아마도 또 새벽잠을 설치면서 군청으로 달려와 등록의 순번에 줄을 서고 있을 것이다. 글공부를 하면서 좋은 사람들을 만나고 정을 나누는 귀한 인연이 맺어지고 있었던 것이다.

도란도란 감성의 자신을 각각 표현하면서 수필가다운 이별을 하는 명장면이 아름다운 황혼처럼 연출되고 있었다.

 반죽

　냉동실에 차곡차곡 쌓여있는 반죽이다. 나는 한 3년 전부터 봄만 되면 쑥을 많이 캐어서 냉동실에 가득 비축해 두고 있다. 보양식인 쑥으로 사랑의 수제비를 많은 지인들과 나누고 싶었기 때문이다. 간 쑥물을 가지고 밀가루 반죽을 시작한다. 목이 긴 일회용 투명장갑을 끼고서 올리브유를 장갑에 다 바른 후 밀가루를 쑥물로 치대며 반죽을 시작한다. 한번 치대면서 그녀를 생각하고 두 번 치대면서 몸이 부실한 사람들을 떠 올린다.
　올봄에 캔 쑥들이 깨끗이 손질되어 살짝 데쳐서 냉동실에 묵고 있다. 일등급 밀가루를 김장 치대는 큰 스텐 양푼에 쏟아 놓고서 얼은 쑥 뭉치를 살짝 녹인 후 믹서에 물을 붓고 갈아낸다. 골고루 잘 섞이게 하려면 그리 쉽지 만은 않은 작업이다.　하루는 반죽을 막 치대고 있는데 36개월 손자가 어린이 집에서 들어오더니 "반죽"이라는 말을 크게 외쳤었다. 말을 배우기 시작하는 중인데 어쩜 그리 큰 소리로 반죽을 외쳤을까? 아마도 찰흙으로 지점토처럼 만들기 작업을 어린이 집에서 해 보았나보다. 나는 반죽을 치대면서 한 덩어리씩 뜯어내어서 위생 팩에 넣어 묶어서 주었다. 손자가 하고파하니 동참을 유도하였더니 납작하게 두 꼬막 손으로 꾹꾹 눌리더니 시키지도 않았는데 발로 밟고 있는 영리함을 훔쳐보면서 벙긋이 웃고 있었다.

나는 덩어리를 팩에 넣고 손자는 밟고 손발이 척척 맞았었다. 먼 훗날 밀가루 반죽을 할 때면 할머니랑 하던 추억이 떠오를 것이다. 칭찬에 신바람이 난 네 살 손자는 거의 스무 덩어리를 납작하게 만들어내고 있었다. 마치 빨래를 치대듯 온갖 힘을 쏟아 부어야만 한다.

정성과 사랑이 듬뿍 스며든 이 쑥 수제비들은 차곡차곡 냉동실에 쌓여져서 하나씩 둘씩 키가 낮아져 가고 있었다. 올봄에도 여전히 많은 사람들과 쑥 수제비를 나누게 되었다. 또 누구에게 드리려고 이토록 열심히 치대고 있는지... 가장 기억에 남는 두 사람이 떠오른다. 항상 아파트 노인회를 위해서 열과 성을 다하시는 노인회 회장님 댁을 찾아 가던 날 잘 익은 갓김치와 함께 함박웃음을 지으셨다. 그리고 한 육 개월 동안 정다운 모습이 보이지 않던 그녀가 갑상선 암 수술을 받았다는 사실을 안 날 내 가슴은 두근거렸다. 목에 좋은 탱자 엑기스에 매실즙을 섞어서 쑥 수제비와 함께 따뜻한 마음을 전달하던 날... 고마워 웃고 있는 그녀의 쾌유를 빌면서 나는 꿀잠에 들 수가 있었다.

어제 맨 밑바닥에 남겨진 반죽 두 뭉치는 너무나 보람 있게 이사를 갔었다. 먹을거리로서 나눔의 온기를 느낀 세월은 꽤나 되었었다. 부모님

음식 솜씨를 그대로 물려받은 덕분으로 나 자신도 모르게 조금씩 나누면서 살아온 세월은 꽤나 되었었다.

해마다 봄이 되면 쑥설기와 쑥절편으로 인정을 나누었는데... 삼년 전부터는 쑥 개떡과 쑥 수제비를 나누었다.

육십 평생 나는 쑥으로 수제비를 만들 줄 정말로 몰랐었다. 그러던 어느 날 6층 친구 집에 쑥 개떡을 갖다 주려고 벨을 눌리는 순간에 난생처음 그 친구는 쑥으로 밀가루를 치대고 있었으니... 내가 그 순간에 가지 않았다면 나는 아마도 쑥으로 수제비를 반죽할 줄 몰랐을 것이다.

냉동실에서 잠자고 있는 동글납작한 쑥 수제비 덩어리들을 먹게 된 많은 사람들에게 봄의 미각을 전달했으며, 사랑의 수제비로 가슴 따뜻한 기억이 되었을 것이다. 쑥떡과 된장에 치댄 쑥국만 해 먹을 줄 알았던 나에게 쑥 수제비를 가르쳐 준 것은 순전히 "시간"이었다. 날마다 이웃을 오가며 대문을 두드렸던 그 순간에 선택된 행운이었다.

이른 봄날의 쑥은 보약인데다 감자와 호박을 좀 넣어서 구수한 멸치와 표고버섯과 새우와 다시마와 홍합을 섞었으니 맛은 일품이었다. 난생 처음 쑥 수제비를 해먹었던 기억을 결코 잊을 수가 없었기에 그 진국의 맛을 여러 사람들에게 전파하고 싶었던 것이다.

별 것 아닌 쑥 수제비는 사랑의 날개를 타고서 이미 제주도까지 서울까지 전달되었다. 봄날 들판에서 직접 캔 쑥들은 그렇게 보양식으로 재탄생되어서 무수한 사람들에게 전달되었고, 우리 아파트를 위해 늘 수고하시는 관리실 직원들에게도 맛있게 끓여 식지 않도록 보온 통에 넣어 전달하였다. 맛있게 잘 먹었다는 그들의 인사는 늘 기쁘게 하였으며 항상 부지런하게 살아가게만 하였다.

음식을 나눔이 이토록 가치 있는 일인 줄 정말 몰랐다. 올 봄 나의 얼굴엔 그 수많은 사람들의 환한 미소가 전파되어서 내게 행운이 쏟아지고 있었다. 여고 동창들은 쑥 밭만 가르쳐 달라고 했는데 나는 맛있는 특미를 만들어서 오순도순 들판 위에서 쑥 수제비 우정을 마셨다. 방금 쪼그리고 앉아서 땀을 흘리면서 서너 시간 동안 애쓰며 캤던 그 쑥으로의 변신을 쑥밭 위에서 배불리 먹게 하였었다. 여고시절 우정을 후루룩 들이키고 있었으며, 총각김치도 척척 걸쳐서 따시게 먹었으니 말이다.

오늘도 누군가의 밥상에서 쑥 수제비는 고향의 향수를 불러일으킬 것이며, 진한 우정을 느끼게 할 것이다.

그들을 사랑하는 나의 손끝 열정을 가끔 떠올릴 것만 같아서 저절로 행복해진다. 봄이 오면 언제나 새로 치댄 쑥 반죽은 높다랗게 쌓여져서 순서를 기다리고 있다. 직접 해 먹지 않아도 배가 부르다. 앉으나 서나 두리 두둥실 누구에게 전할까? 냉동실 문을 열 때 마다 행복한 고민을 하는 중이다.

쑥은 척박한 긴 겨울을 견뎌낸 땅속에서 봄날의 생명을 잉태하면서 파릇파릇 솟아나기 때문이다. 봄날의 저 새싹들처럼 희망차고 건강한 삶을 웃으며 전달하는 따사로운 사람이 되고만 싶다.

 군무 群舞

　모처럼 얻은 자유의 몸이다. 십일월의 한적한 오후 새처럼 훨훨 날아가고 있다. 일몰의 주남저수지 무리지어 솟아오르는 널 잡기 위하여... 지하철타고, 고속버스를 타고 물어물어 주남저수지에 당도하였다.
　평화롭고 고요한 분위기에 서서히 압도당하는 것 같았다. 새들의 천국인 주남저수지를 방해하지 않기 위해서 나는 발걸음소리도 살살 내었다. 때 마침 건너편 천주산 너머로 석양이 물들기 시작하였다.
　쇠기러기 떼 펄럭이며 솟아오르는 풍광 속에는 자기네 식구들 놓칠세라 끼리끼리 함께 날개 부딪히면서 동시에 푸드득거리면서 찰나에 치솟고 있었다. 분홍빛 발갈퀴에 물보라를 튕기면서 은빛 물방울과 함께 한꺼번에 치솟는 힘찬 새떼의 군무를 지켜보았다.
　난생처음 바라보는 새떼의 군무를 보는 순간 난 야생에 파묻혀 살고 싶어졌다. 마치 수 백 명이 동시에 연주하는 관현악단의 선율이었다.

쇠기러기들은 쇠기러기끼리 가창오리들은 가창오리들끼리 그들은 끼리끼리 살아가면서 끼리끼리 날아오르고 있었다. 날다가 지치면 저 건너 저수지 물 섶에 무리지어 내렸고, 또 비상하고프면 대장의 지시대로 끼리끼리 질서정연하게 치솟으면서 날아오르고 있었다.

노을이 물드는 하늘가에로 하얀 고니 떼가 힘차게 날아오르자 저수지 주위는 온통 치솟는 흐름의 군무가 되고 있었다. 넋을 잃고 바라보다가 저 새들은 어디서 어떻게 함께 날개를 움직여서 대륙을 지나고 큰 바다 너머 여기 주남저수지까지 찾아왔는지... 신기한 생각이 꼬리를 물며 스쳐왔다.

주위의 분위기에 젖어 있는데 홀연히 치솟는 새까만 새떼 좀 봐요... 몇 백 몇 천 몇 만 마리씩 무리지어 나르는 저 새까만 청둥오리 떼 좀 봐요... 서로서로 절대로 부딪히지 않는 질서정연한 황홀한 콘서트의 전율이다.

숨소리조차 정지한 채 꼼짝 않고 망원경에 붙어 있었다. 나뭇가지에 가만히 기대어 하품하는 새를 지켜본다. 자기네 새들의 식구 앞에서 너울너울 춤을 추는 새들도 있다. 중얼중얼 무엇인가 의논하는지... 옹기종기 모여 앉아 있는 새들도 보인다.

억새 춤추는 들녘의 바람 따라 물 섶에 얼굴을 묻어두고 숨을 죽이고 가만히 있는 새들도 있다. 아마도 취침중인가 보다. 그대와 함께 부리를 박고서 안식의 노를 젓고 있는 것 같았다.

하이얀 버선 발 학 같은 춤사위... 정다운 저 흐름을 그대 가슴에 사뿐히 그대여 내게로 오라 순간 포착된 뽀오얀 고니... 공작새처럼 나래를 펼치더니만, 슬슬 그대 곁에 다가서는구나... 그 순간을 망원경 속에서 세밀히 관찰하면서 즐기고 있었다.

저수지 가장자리 가까이에 가만히 오수를 즐기는 청둥오리 곁 저어새 너 마리가 후다닥 무리지어 날아간다. 큰 기러기 날개 휘 젓는다 찰칵... 물수제비는 사람만이 뜨는 줄 알았더니 저기 저 물새 한 마리 날 보라며 힘차게 치솟다가 돌돌돌 물 위 걸어가면서 인간처럼 물수제비를 뜨고 있었다. 찰나에 스쳐 간 진풍경에 놀라서 마냥 입을 다물 수가 없었다.

무엇에 쫓긴 듯 살아가는 사람들처럼 무엇에 쫓긴 듯이 날아가고 있었다. 푸드득거리며 찰나에 치솟는 서녘 눈부신 새들의 비상을 오래도록 지켜보았다.

짙푸른 수평선에 미련을 버리고 그대의 발길 따라 끼리끼리 훨훨 삼라만상 다 털어버리고 그대 곁에 나란히 떠나는 동행이었다.

창공 속 유유하고 희망 찬 유희는 우리들에게 메시지를 주고 있었다. 아직도 늦지 않으니 지치지 말고, 젊음의 날개를 힘차게 휘저으라는 듯이...

정다운 저 흐름을 그대 가슴에... 떠도는 구름 가에로, 노을이 물든 붉은 심장으로 은빛 여울진 물결 위에로... 모든 기슭에 희망이 머문다는 사실을...

아득히 멀어져가는 새들의 비상 속으로, 내 눈 속에 그대가 들던 그 젊은 시절로, 사뿐히 그대여 오라는 듯이... 남은 내 삶의 희망찬 잔상으로 영원히 남아 있을 것이다. 수 천 수 만 마리 새들이 찰나에 비상하면서 춤을 추는 군무가 그토록 아름다운 줄 모르고 살다 갈 뻔 했다. 온통 하늘을 까아맣게 뒤덮으며 어딘가로 부지런히 날아가는 야생의 군무를 고스란히 훑어보게 된 가장 아름다운 순간의 귀한 만남이었다.

3부 상생

## 희망열차 4호선

무한대의 원격조정 로버트
컴퓨터 기관차에 올라타던 날
변해가는 신기루 세상에
슬그머니 첫발을 내맡기는 순간
탈까말까 망설이던 나를
냉큼 떠밀어버린 용감무쌍
조마조마 떨고 있는 사람들 표정
달래면서 품에 꼭 감싸 안더니
당신이 바로 운전수야
당신이 바로 차장이야
동래역에서 환승 오라잇
충렬사 지하통과 명장동으로
반여 농산물 지상통과 반송으로
잠깐사이 고촌지나
안평 종착역 스톱 하차
지하도 생생 구불구불
지상도 싱싱 쭈루루룩
아이시절 기차놀이 신바람난다
장난감기차 뚜뚜 지나간다
내가 제일 잘나 가
내가 제일 잘나가지.

# 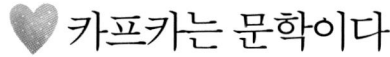카프카는 문학이다

　인문학 강의를 듣기 위하여 대학시절처럼 뛰었다. "카프카"의 작품을 해설하면서 문학과 철학의 향연인 강의를 듣기 위하여 태양이 내려 쬐는 들길로 재빠르게 가고 있다.

　서울시립대학교 양운덕 교수님은 한 번의 강의를 위하여 새벽 KTX 열차를 타고 오셨는데 지각을 하면 안 되겠기에 오전 10시 정각에 기장군청 9층 인문 교양대학 강의실로 들어섰다.

　검소한 교수님의 차림새와는 다르게 "혼돈과 허무의 세계에서 삶을 긍정하라"는 날카로운 강의는 쏙쏙 들어왔다. 카프카의 저서를 한권도 읽지 않고서 우리들 중년의 아줌마들은 무얼 배우려고 이토록 더위도 반납하고 모여 앉아 있을까? 열심히 메모하다가 "삶 자체가 허무와 부조리와 혼돈을 극복하는데 있다."라는 말씀에 정신을 가다듬었다.

　카프카의 내용은 점점 복합적으로 분석되고 있었는데, 분명한 것은 부조리와 혼돈의 사회 속에서 어떻게 삶을 열심히 살아갈 것인가는 순전히 자기 자신의 몫이라는 걸 알게 되었다. 즉 어떤 불행 앞에서도 자기 스스로 형상화하고 문학적으로 승화하는 삶을 살아가야 한다는 빛나는 강의 앞에서 2시간은 훌쩍 치닫고 있었다.

살다보면 때때로 고통에 슬프기도 하는데 어떤 사람은 그 슬픔을 견디지 못하고, 다른 어떤 사람은 그 슬픔이 자기를 더 강하게 한다는 것이다.

베토벤은 어느 날 자살 유서를 써놓고 바이올린 쏘나타 2악장을 듣게 되었는데… 홀연히 노래하듯이 내면이 부드러워지면서 섬세한 선율 속에서 마치 피아노연주가 친구처럼 속삭이는 바람에 그 행복감이 밀려오는 선율 때문에 죽지 않았다는 것이다.

자살 사이트가 있어서도 안 되지만 만약에 누군가가 자살 할 마음을 먹었다면 베토벤처럼 죽기 전에 아름다운 선율에 접해 보아야겠다. 음악은 분명히 고달픈 사람들의 마음을 따뜻이 달래며 어루만져 주기 때문이다.

베토벤이 혼자 품었던 사랑과 슬픔과 고독이 독특한 음악으로 표현이 되어 만인의 가슴속으로 빨려 들어가 우리들 마음에 그대로 투영되어서 행복감이 밀려오게 하고 있으니 말이다. "그 오랜 역사가 흘러갔어도 문학과 예술은 시간과 공간을 현재도 뛰어 넘고 있다"는 말씀에 감동을 받았다.

또 "삶은 불확실한 것이기에 아무리 애를 써보고 발버둥을 쳐봐도 돌아 와보면 도로 똑 같은 그 자리에 서서 있다"는 수긍의 말씀에 수강생들 아줌마들은 고개를 끄떡이고 있었다.

권력과 재산도 다 오래가지 못하고, 지위와 명예도 다 오래가지 못하고, 인간은 가장 확실한 죽음으로 달려가고 있으며, 결국 죽을 때는 혼자 죽는다는 뻔한 사실인데도 두근두근 가슴이 두근대기 시작하였다.

그의 죽음, 너의 죽음, 나의 죽음 결국 죽음은 가장 고요한 것이며, 죽음은 나만의 것이다. 교수님께서는 우리들에게 부르짖고 계시는 것 같았다. 아름답고 즐겁게 살다가 가라고 열변을 토하셨다.

벌레나 강아지는 죽지 않는다. 단지 숨을 멈출 뿐이라는 사실도 알게 되었다. 인간이 만약에 죽음이 없다면 누가 제일 곤란할까도 생각해 보았다. 첫째는 관이 안 팔릴 것이고, 둘째는 병원이 없어질 것이며, 셋째는 교회가 존속할 수 없다는 사실도 토론해 보았다.

내가 죽었을 때 사람들은 나를 어떻게 생각할지... 죽음을 앞에 두고 계획을 세운다면 먼저 중요한 것부터 해야 한다는 말씀과 제발 죽음을 향해 가고 있으니... 황급히 서두르는 삶을 이제 부터는 천천히 생각하며 살아가기를 권유하였다.

만약 내가 언제 죽을 것인가를 안다면... 죽음 앞에서 앞으로 던져진 나의 모습은 불안과 고독을 가지고 살아가야만 될 것이다. 라는 명제와 내가 만약 벌레가 된다면 남편과 자식들은 나 자신을 어떻게 볼 것인가? 라는 질문 앞에서 우리들은 잠시 명상에 빠졌다.

그리고 억수로 퍼붓는 소나기 속에서 바로 눈앞에서 나 자신을 정확히 보게 된다는 말씀에 정중히 눈을 감고 있었다.

"돈도 명예도 사랑도 다 부조리와 허무와 어긋남 속에서 세상은 돌고 돌게 되어 있으니 나는 어떻게 살아갈 것인가?  아! 인생 살아보니 아무

것도 아니구나……" 달관한 교수님의 번쩍이는 강의를 듣고서 친구들과 들길을 걸어가는데 뙤약볕에서 초록 춤을 넘실거리는 벼이삭들이 하염없이 청정의 박수를 내게 부채질하고 있었다.

  교수님께서는 왜 2시간의 강의를 위해 새벽잠을 설치며 서울에서 여기 부산의 끝자락 기장군청 인문대학 강의실에 오신 이유를 우리들은 저절로 명확하게 배우게 되었다. 30분을 초과한 명 강의는 끝을 장식하고 있었으며, 제 삶의 흔적인 시집 한권에 소중한 감사를 드리게 되었으며, 귀한 "인문 숲"의 명함을 받게 되었다.

  한층 겸손하거나, 한층 잘해 보거나, 한층 재미있게 살아야 한다며 헤어지는 문턱까지 두 손을 흔들어 주셨다.

  항상 깨어 있는 삶속에서 열심히 살아가야겠다.

## 🩶 희망열차 4호선

　오늘도 부산지하철 4호선을 타러 안평역으로 간다. 기장에서 서면을 갈려면 해운대역까지 39번 버스를 한 40분 걸리고, 해운대역에 내려서 지하철 2호선을 타면 한 시간 반이 걸린다. 금요일 주말이면 송정에서 해운대역까지도 밀려 정체 될 때면 차 속에서 짜증이 난다.
　그러던 어느 날 난 지하철 4호선을 타게 되었다. 무인승차라 운전사가 없는 기관차를 타는 게 겁이 났었지만 용감무쌍 타던 날 앞부분과 뒷부분이 한 눈에 보이고 깔끔하고 용맹한 기관차에 난 반해 버렸다.
　문득 손자들도 보여주고파 동행키로 했다. 기장에서 안평역까지 버스가 많지만 택시를 타고 아이들의 견학에 나섰다. 세 꼬마들에게 난생처음 운전석이 비어있는 신기한 세상에 초대하고파 현대 백화점으로 점심을 사 준다며 딸과 함께 나섰다. 반송 변두리가 기장 그 시골이 옛말이 된지 오래다. 이젠 4호선만 타면 약속시간도 어기지 않고 사통팔달 부산

전역을 시간 단축할 수 있다.

언젠가 컴퓨터를 켰는데도 화면이 나오지 않아 혼자 한참을 낑낑대다 남편께 전화를 걸어 화면 밑 터치 스위치에 손을 갖다 대 보라던 그 날의 감흥처럼 우리들은 지금 시시각각 변해가고 있는 신기루 세상에 살고 있다. 4호선이 개통된 지 일 년이 다 되어간다. 안평역에서 타서 반송을 지나 싱싱 달리는 동안 앞을 보고 뒤를 봐도 운전사도 없고 차장도 없다.

사람들은 묵묵히 4호선 희망 열차에 몸을 싣고서 얼굴에는 기쁨이 넘실거린다. 아무리 컴퓨터에 입력되어 곳곳의 원격조정으로 열차가 움직인다지만 눈으로 보고도 믿기지 않아 몸소 두리번거리다가 지상도 쌩쌩 지하도 쌩쌩 두둥실 어느새 동래역에서 1호선 환승을 한다. "장난감기차 뚜뚜 지나간다." 손자 셋 키우면서 함께 불렀던 그대로 장난감 같은 희망열차 4호선이 세 아이들의 눈동자 속으로 뚜뚜 지나가고 있었다. 아이들은 운전석에 나란히 서서 마치 자신들이 운전사가 된 것처럼 신기해하며 얼굴에 생기를 쏟아 붓는 환희의 질주였다.

"할머니 누가 운전해서 가는데요?" 난 무식을 잠재우며 바로 여기 앞에 컴퓨터가 있어서 멀리서도 조정되어 전기로 움직이는 거야. 그래서 여기에 앉으면 안 돼 라고 적혀있지. 너희들 리모컨으로 장난감 헬리콥터가 하늘로 뜨지 그것과도 원리가 같아… "아아 그래요 할머니" 내 무식의 한계가 들킬세라 답변을 얼버무렸다. 사실 지금까지도 신기해 요리보고 조리보고 의아한 세상 속 나 자신을 움켜잡고 그저 행복한 부산지하철 4호선을 열심히 타고 다닌다.

주말이면 한 번 4호선을 타 볼일이다. 스트레스에 찌든 일손을 놓고 애환과 근심 다 날려버리고 쾌청하고 따스한 의자에 앉아서 폭신한 희망열차 4호선을 타고서 내일의 야망을 향해 달려 볼 것이다. 우리 다 함께 맹렬하게 치닫는 4호선 운전석에 서서 자신이 운전사가 되어 보는 거야.

확 트인 투명 창 희망열차 4호선을 타면 쭈욱 들판이 펼쳐지고 산이 다 가오고 겨울이면 설경이 펼쳐질 텐 데 그러고 보니 4호선 개통 된 후 첫 겨울이겠구나. 반여농산물시장 지나 지상통과 설경이 얼마나 멋진데... 얼른 겨울이 다가와 그 멋진 산들아, 숲들아, 스치는 전원 풍경들아. 뽀오얀 백설의 산야에 한 폭의 수채화를 보여 주려무나.

내 생의 길목에 서서 오늘도 내일도 쉽게 나들이와 장을 보러 다닐 것이다. 서면에서나 시청에서나 동래에서나 자갈치에서나 남포동에서나 약속시간을 정해 놓으면 절대 지각하지 않는다는 자부심으로 용감무쌍 4호선을 타고서 동래역에서 1호선으로 환승해 부산 시내를 한 시간대에 종횡 질주 해 보자. 시골 기장에 이사 와서는 어떨 땐 차 속에서 2시간 가까이도 걸렸었건만... 아, 이제는 정말 신바람이 샘솟는 행복한 외출이 되고 있다.

익숙해져가고 있는 부산 지하철4호선의 눈부신 질주 앞에서 4계절을 바라볼 것이며 특히 설경을 품에 안고서 달릴 것이다. 손주 셋과 함께 오르락내리락 에스컬레이터도 산 공부였으며 모두들 잊지 못할 귀한 체험이 되었다. 말똥말똥 광채가 피어나는 죽성 초등학교 3학년 1학년 네 살 박이와의 심신의 피로를 씻어주는 초겨울의 행복한 나들이였다.

지하철 4호선을 희망열차라 부르고 싶다. 아직까지 타보지 못한 많은 사람들에게 꼭 한번 타 보기를 권유하고 싶다. 무한대의 질주 앞에서 기관차는 내게 속삭이고 있었다. "내가 제일 잘 나가! 내가 제일 잘 나가지!" 언제나 내 귓가에서 케이 팝의 당당한 흥을 북돋워 주는 것만 같다.

# 💜 독도는 우리 땅

독도는 동해 남서부에 위치한 작은 섬이다. 맑은 날이면 울등도에서 독도를 볼 수 있다. 독도는 국제법적으로도 대한민국의 고유 영토인데 일본이 독도 영유권 주장을 자꾸만 하고 있다.

한국자유총연맹을 선두로 온 국민들은 얼토당토 않는 일본의 독도 영유권 주장을 강력히 규탄하고 있다. 일본에서 독도가 가까운 시마네 현의 오키섬으로 부터 157.5km나 떨어져 있어서 오키섬에서는 독도를 아예 볼 수도 없다.

이미 삼국의 지증왕시대 13년인 512년에 독도는 우리 우산국의 영토였음이 밝혀졌는데도 역사를 고치려는 저 일본의 소행을 낱낱이 고발하고 싶어졌다.

1900년인 고종 37년에도 이미 독도는 "석도"라 칭하며 우리나라 땅이라 지칭되었다. 이런 참역사가 있는데도 일본은 자꾸만 독도 영유권 주장을 하고 있으니 우리 대한민국 온 국민들은 "독도는 우리 땅"이라고 강력히 부르짖고 있다.

한반도에서 가장 먼저 보는 그 독도의 일출을 지극히 사랑하고 있다. 독도의 산천은 동해 남서부의 바다 위에서 마치 여인이 치장을 한 눈부신 팔색조로 다시 반사되어서 천혜의 절경을 잉태하고 있다.

독도는 "경북 울릉군 독도 이사부길 1-69"라는 새 도로명 주소의 명패를 달고서 오늘도 저 찬란한 일출을 꽃피우고 있는 것이다. 화산활동에 의해 생성된 독도는 하나의 섬이 아니라 동도와 서도 2개의 큰 섬과 주위에 89개의 작은 돌섬으로 이루어져 있다.

큰 섬 동도와 서도로 나누어져 있는데 동도에서 본 서도는 보라색 안개로 띠를 두르고 있는 듯 숫돌 바위가 품어 안고 있다. 그리고 서도에서 본 동도는 마치 새색시가 수줍어 엎드리는데 독립문 바위가 살살 다독이고 있는 상부상조의 풍경이다.

연보라 섬패랭이꽃과 노오란 섬기린초가 독도를 더욱 빛나게 하고 있다. 괭이갈매기들은 부리를 맞대면서 도란거리며 삼형제 굴 바위는 탕건봉과 마주하고 있다. 동도에 있는 독도 관리시설에는 앙증스런 삽살개 두 마리가 독도를 튼실히 지키고 있다.

당당히 치솟은 대한민국의 건아 탕건봉은 하늘의 흰 구름도 비껴가면서 웃는 것 같다. 삼형제 굴 바위는 터널이 뚫어져 파도가 후리치며 굴을 넘나들며 놀고 있는 듯 굴속을 통과하는 은물결은 절경의 출렁임이다.

동도에는 독도 관리시설도 있고 유인 등대도 있으며 해양수산시설이

설치되어 있다. 서도의 정상부는 험준한 원추형을 이루고 있고 주요 시설물로는 어업인 숙소가 있다.

　1982년 11월 16일 독도를 천연기념물 제336호의 보호구역으로 지정 고시하기도 했다. 1999년 12월 10일에는 천연보호구역으로 문화재 명칭을 변경하였다. 이처럼 환경부는 독도의 자연환경과 생태계의 보전을 위하여 2000년 9월 5일 독도를 특정 도서로 지정 고시까지 하였다. 이처럼 대한민국의 혼을 쏟아 붓고 있는데도 일본은 뒤늦게 와서야 독도를 자기네 땅이라며 영유권을 주장하면서 억지를 쓰고 있음에 온 국민들은 통탄하며 쓰라리고 있다.

　그렇다고 가만히 있을 수만은 없기에 우리들은 각자의 위치에서 독도를 지키면서, 사랑을 쏟아 부어야만 한다. 화가는 그리고 또 그리고 글쟁이는 쓰고 또 쓰고 방송인은 취재하고 또 취재하면서 아무도 넘보지 못하도록 해야만 하겠다.

　먼 역사 속 숙종 19년(1693년) 조선의 어부 '안용복'은 '박어둔' 이하 십여 명 어부들과 함께 울릉도에서 어로 및 농사활동을 하였는데 일본의 오오야집안의 어부들과 충돌하여 일본의 오키섬까지 납치를 당하였다. 안용복은 울릉도가 조선의 영토임을 강조하며 일본인들의 출어를 금지해 줄 것을 요구하였을 때도 일본은 "울릉도는 일본의 영토가 아니다"라는 서계를 써주어 안용복일행을 나가사키와 대마도를 거쳐서 조선으로 돌려보낸 적이 있다. 그러나 안용복일행이 대마도에 이르자 안용복에게 써준 서계를 빼앗고 조선의 동래부로 인계하였다. 주었다 또 빼앗은 일본의 야비한 술책에 그때도 울릉도까지 넘보고 있었던 역사적 근거가 있다.

이후 안용복은 숙종 22년인 3년 뒤(1696년) 봄에 해산물 채취를 나갔다가 또다시 울릉도에서 일본 어선들이 어로 활동을 하는 것을 보고 즉시 그들을 쫓아냈다. 다시 일본으로 건너간 안용복은 울릉도와 독도가 조선 땅임을 명확히 하고 일본인들의 계속되는 침범을 근절해 줄 것을 요구하였던 것이다.

이에 일본은 "두 섬 즉 울릉도와 독도가 당신네 나라에 속한 이상, 만일 다시 국경을 넘는 자가 있으면 국서를 작성하고 역관을 정하여 무겁게 처벌할 것이다"는 결정사항을 전했으니 안용복의 활동은 울릉도와 독도가 조선의 땅임을 확인시킨 명백한 결과이다. 또한 이 사실을 근거로 일본의 메이지정부도 1877년 울릉도와 독도가 일본과는 관계가 없는 조선의 영토라는 사실을 재확인했다.

이처럼 산역사의 증거 앞에서 번복을 일삼는 일본을 우리 대한민국은 36년의 일제탄압과 함께 철저히 규탄하여 독도와 울릉도를 지켜나가야겠다는 다짐을 해야겠다. 대한민국의 네 박자소리에 부딪히는 파도의 함성은 끝도 없이 치닫고 있다. 동해바다 시작과 끝은 하늘에 닿아 짙푸르고 저 금빛 햇살 아래 멈추지 않는 휴식의 파도는 우렁차게 후리치고 있다.

비릿한 항구의 명패 "경북 울릉군 독도 이사부길 1-69" 새 도로명 주소의 문패를 달고서 제 몸뚱이 하나 지키려고 사시사철 짙푸르게 치대고 있다. 1846년 조선전도에도 분명히 울릉도와 우산(독도)을 우리 영토로 표기하고 있다. 이 조선전도는 김정호의 "대동여지도"보다 15년이나 앞서 작성된 근대적 지도가 있다.

1900년 10월 25일에는 의정부의 의결을 거쳐 반포된 울릉도 지방관제 실시 법령으로 울릉도에 군수를 파견하였다. 그 관할 구역을 울릉도와 죽도 석도(독도)로 한다는 칙령 제41호를 규정한다고 했다. 독도는 우리 땅임이 분명한데 어찌하여 일본이 독도 영유권을 주장하고 있는지 가슴 아픈 일이다. 일본은 1904년 2월23일 한일 의정서를 강제로 체결한 후 울릉도에 망루를 건설하였고 군함 니키타카호로 독도를 시찰하였다. 1905년 1월 28일 러·일 전쟁이 긴박하게 전개되자 독도 강제편입을 전격적으로 단행하였던 것이다.

가만히 앉아서 한일합방을 당했고 독도까지 강제 편입을 당했으니 너무나 억울하고 분통이 터진다. 그러니까 근 110년 동안 일본은 독도를 자기네 땅이라고 발악을 하고 있는 셈이다. 일본의 메이지 정부도 1877년 울릉도와 독도가 일본과는 관계가 없는 조선의 영토라는 것을 재확인까지 했던 기록이 있다. 아름다운 우리 땅 독도를 바로 알기 위해서 대한민국은 항상 독도 책자를 만들어 국민들에게 배포도 해야 할 것이며 우리 국민들은 끊임없이 관심을 기울여야겠다고 본다.

특히 동도와 서도 사이의 촛대바위는 우뚝 선 미라처럼 높은 물결을 막아 주는 듯 우뚝하고 우람하게 버티고 서 있다. "독도는 우리 땅" 태극기 휘날리는 독도의 얼굴은 비바람에 씻기고 파도에 할퀴어도 희망찬 새들의 무대이다. 바다제비, 슴새, 황조롱이, 물수리, 흰갈매기, 괭이 갈매기, 노랑지빠귀, 딱새등 22종의 조류가 관찰되었으며 바다제비와 슴새, 괭이

갈매기는 독도에 서식하는 대표 생물 조류이다.

펄떡이는 고향 냄새가 난다. 오늘도 독도를 지키려는 열정 속에 쪽빛 바다는 하염없는 물거품의 파도를 치대고만 있다. 또 한류와 난류가 교차하고 있어 오징어, 꽁치, 방어, 복어, 전어, 가자미 등의 어장을 이루고 있으며 수많은 바위마다 미역, 다시마, 파래 등의 해조류가 자라고 있으며 전복, 소라, 홍합과 해삼, 새우, 홍게 등이 서식하고 있는 황금어장을 이루고 있으니 어찌 청정해역 독도를 지키지 않을 수 있겠는가?

엎드려 기다리는 동쪽 섬 동도 그리고 태극기 망을 보는 서쪽 섬 서도에 물안개 실루엣이 걷히고 있다. 나룻배도 그 절경에 풍덩 빠지고 만다. 독도를 대한민국의 호적에만 올려놓고서 돌보지 않으면 안 됨을 재차 인식하여야겠다. 어이하랴 기암이 되어버린 독도의 운명이다. 임을 기다리다 지쳐서 그래도 더 기다리다가... 밑도 끝도 없이 치닫는 파도여 어제는 너를 품에 폭 안고 가더니, 오늘은 새색시 치마폭에 휘감기어 황혼에 드러누워 혼절하고 있구나.

오늘도 여전히 독도를 떠 올리면 분명 "독도는 우리 땅" 우리 민족의 정서인데 어찌하여 밑도 끝도 없이 일본은 박박 우기면서 치닫고 있는지? 임을 기다리는 우리 대한민국의 네 박자소리가 탕건봉까지 스쳐 지나며 울려서 되돌아오고 있다.

임을 기다리는 천의 얼굴 독도여! 여기 보시라요? 우리 모두 한 번은 가자구요? 흙이라도 만져보려 가보자구요?

## 🩶 환생

꾀꼬리 목소리 사촌언니를 잊을 수 없다. 마치 오페라 가수처럼 굵직하고 영롱한 목소리는 잔치의 분위기를 압도하였다. 어쩜 그리도 아롱지는 목소리였을까? 언니의 환상을 지금도 잊을 수가 없다.

안동 권 씨 집안으로 시집을 온 이모님은 육이오당시 유복자인 딸을 낳아야만했다. 계급이 별 하나였던 이모부는 한강다리가 두 동강남과 동시에 전쟁 중 전사하시고 말았다. 그 당시 남편의 시체를 볼 수도 없었으니 이북으로 붙들려 간지도 모른다고 늘 안타까워하셨다. 사촌 언니는 결국 아빠의 얼굴도 모른 채 세상에 태어났던 것이다.

온갖 행상으로 생선장수로 딸 하나를 남부럽지 않게 키워낸 이모님이셨다. 드디어 딸은 부산의 교육대학에 입학을 하였는데 집은 마산이라서 여동생이 살고 있는 부산의 친척집에서 대학 2년을 다녔다. 나는 기꺼이 사촌언니와 한방에서 대학시절을 보내었다. 그날 아버지의 칠순잔치는 아름다운 언니의 노래 소리로 더욱 빛나고 있었으며 진한 감동이 밀려왔었다.

언니랑 함께 지내면서 들어왔던 영롱한 노래 소리는 지금도 내 귓가를 두드리고 만 있다. 가정 형편상 4년제 음대는 진학할 수가 없었다. 눈부신 성악가의 꿈을 접은 채 언니는 초등학교 교사가 되어서 얼른 교직에 몸을 담고서 평생을 생선장수로 자신을 키우느라 고생만 하신 어머니를 모셔야만 했다.

드디어 언니는 교대 졸업 후 교사가 되었으며 교회 성가대에서 함께 노래를 불렀던 사람과 결혼도 하였다. 언젠가 사촌 형부가 근무하시는 송도의 병원으로 놀러 가기도 했었다. 세월은 흘러서 언니는 쌍둥이 딸 둘을 낳았다. 이모님은 그 쌍둥이들을 키우느라 정말로 눈 코 뜰 새도 없는 고된 주부노릇을 하시는 걸 지켜보면서 어머님의 사랑과 고생은 정말로 끝도 없는 것만 같았다.

딸 둘은 나란히 여대생이 되었고 그 아래아들도 서울의 대학에 다니고 있었다. 어느 날 인가 먼저 세상에 나온 쌍둥이 딸 중에서 뒤에 나온 딸인 둘째가 좀 이상하다는 것이었다. 대학에 가기 위해 공부를 너무 열심히 하던 딸이 갑자기 정신분열증에 걸려서 이상해지고 말았던 것이다. 신경정신과의 약을 꾸준히 먹이면서 내내 도움의 손길이 필요해졌고 여고 3학년의 학업도 중도 포기하고 말았다.

정신이 온전치 못한 딸을 위해 언니는 얼마나 마음에 상처가 컸을까? 지금 생각해보면 얼마나 큰 슬픔의 나날을 보내셨을까? 결혼 후 쌍둥이를 낳아 놓고 훌쩍 학교로 가버린 딸 대신에 도맡아서 키웠으니 이모님은 얼마나 동동거리면서 바쁜 나날을 보내셨을까?

  그리 힘들게 자녀들을 다 성장시켰건만, 이제는 또 쌍둥이 중 작은딸이 정신이 온전치 못하게 돼버린 사실에 너무나 가슴이 저려왔었다. 살면서 친척들의 슬픔들이 마구 밀려오는 바람에 삶이란 결코 쉬운 일이 아님을 저절로 터득하게 되었었다.

  그러던 어느 날 언니의 입원소식에 달려가 보았던 송도 복음 병원에서 나는 그만 큰 슬픔에 접하게 되었다. 병원 문을 나서면서 펑펑 울었었던 눈물이 홍건하게 밀려만 온다. 언니의 병명은 대장암으로 이미 손 쓸 겨를도 없다고 했다. "하늘도 무심하시지... 그토록 착하고 강하게만 살아왔던 사촌언니의 삶을 앗아가 버리다니..."

  나는 할 말을 잊은 채 언니와의 오붓했던 한방의 추억을 떠올리면서 내내 슬픔에 잠겼던 기억이 생생하다.

  언니를 하늘나라에 보내고서 채 얼마 되지도 않았던 날이었다. 나는 이기대의 쪽빛 바다에 멍하니 주저 앉아있었는데, 그때 난생처음으로 '새지리'란 크나큰 새의 흐름을 관찰하게 되었던 것이다. 휘영청 큰 날개를 휘저으면서 내 머리 위서 빙빙 한참동안 배회하고만 있는 엄청 크나큰 새에 마구 놀란 가슴이 되었었다. 한 마리 새지리의 날갯짓을 생생히 지켜보게 되었었다. 마치 초자연적인 이기대의 원시바다를 체험하게 되었던 것이다.

  글쎄 그 큰 새지리의 몸짓과 울음소리가 마치 사촌 언니의 형상으로 진하게 내게 다가왔던 것이다. 나는 밀려오는 파도를 꿀꺽 삼키면서 크나큰 새지리의 진한 환생의 몸짓과 슬픈 울음소리로 펄펄 날개를 휘저으면서 마구 내 가슴팍으로 밀려오고만 있었던 사촌언니의 환생으로 착각하면서… "언니야… 슬픈 날개 휘저으며 슬퍼하지만 마… 사촌 형부와 이모님과 자녀들과 친척들 서로 도우면서 잘 살아 갈 테니까… 너무 큰 슬픔에 젖지 말고 아름다운 추억들 생각하면서 잘 지켜보면서 많이 도와 주시기를 두 손 모아 간절히 기도 하였다.

이기대 쪽빛 바다 위에서 휠휠 치마폭 휘저으면서 성큼 울어대던 크나큰 새의 푸른 비행에 그만 넋이 빼앗겨 버렸던 날이다. 마치 내 머리 위에서 사촌언니의 푸른 꽃상여가 스쳐지나가고만 있었던 것이다. 대학시절 상큼했던 추억들이 성악가의 꿈도 펼쳐보지도 못한 채 홀연히 떠나가 버렸던 것이다.

잊지 못하고 잊혀 지지 않는 밤바다의 빈 배로 언니만 생각하면 늘 울적해 지고만 있었다. 섬뜩해 지면서 바라본 새지리가 큰 나래를 펼치면서 소프라노 노래를 들려주는 것만 같았으니 홀연히 사촌언니의 환생이듯 싶어졌다.

새지리가 남긴 하얀 물거품의 의미를 오래도록 가슴 속에 품으면서 나는 살아가기로 다짐했다. 마치 사촌언니의 목소리로 노래를 부르는 듯… 한 참을 내 머리 위에서 빙글빙글 훑더니만 소나무 숲길 건너 신선대 동백 숲속으로 너풀거리며 서서히 사라져버리는 흔적을 낱낱이 지켜보았던 날이다.

평생 한 번 볼까 말까한 순간포착이었다. 짙푸르고 아름다운 비행... 원시바다 새지리의 크나큰 환상이 내 눈 앞에서 성큼성큼 창공 속을 휘저으면서 스쳐가고 있었던 것이다. 진정 가슴 뭉클한 수채화였다.

살면서 하나 둘 사랑하는 사람들 자취도 없이 사라져 버리는 물안개 자욱한 바다를 나는 오늘도 어김없이 서성거려본다.

# 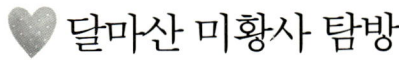 달마산 미황사 탐방

    청옥문학 글쟁이들은 전남 해남군 송지면에 위치한 땅 끝 마을로 향하였다. 근 4시간이 넘도록 달려왔으니 정말 머나먼 역사탐방이었다.

    땅 끝 마을에 위치한 미황사는 국가지정 문화재 명승 제59호로서 아름다운 절은 물론이고 미황사에는 오랜 역사를 간직한 대웅보전과 응진당 그리고 미황사 사적비등 50여상의 유물이 보존되어 있었다.

    그 주위의 달마산 풍경은 웅대한 자연석인 돌산이 미황사 절을 에워싸 마치 병풍처럼 펼쳐져 있었다.

    창건이 1601년이니 400년도 넘는 세월의 미황사를 둘러보는 우리들 마음은 엄숙 그 자체였다. 오랜 역사속의 향기를 마셔보면서 주지스님의 창건 설화를 듣고 있는데 자연스레 천장을 올려 치켜보게 되었을 때 너무 놀라고 말았다.

    빽빽이 그려진 부처님의 형상이 천장과 가로 세로 대들보 사이사이에 글쎄 천개나 그려져 있는 벽화에 입을 다물지 못하였다. 게다가 50여상의 미황사 보물들이 소중히 안치되어 있음을 살펴보게 되었을 때 우리들은 슬기로운 선조님들의 지혜 앞에 저절로 머리가 숙여만 졌다.

주지스님은 불경을 노래로 부르면서 우리들도 따라서 "나무아비타불 관세음보살"을 노래로 따라 불러 보면서 기도소리를 음미해보게 하였다. 산사에 울려 퍼지는 합창의 기도소리는 가파른 우리들 마음을 녹여만 주고 있었다.

향기를 맡기도 했지만 400년 전 선조님들의 삶의 향기가 저 높은 곳에서 현세의 우리들보다 더 지혜롭게 밀려오는 것 같아서 저절로 경청을 하고 있는 산사의 향기를 듣고 있었다.

병풍처럼 달마산에 펼쳐진 뾰족뾰족한 수많은 바위산들이 마치 천개의 부처님 모습으로 우리들을 압도하는 것만 같았다. 거대한 바위들이 온통 산속의 나무들처럼 심겨져 있는 듯 보는 이로 하여금 감탄을 불러일으키게만 하였다. 이래서 달마산은 그 빼어난 아름다움 때문에 남도의 금강산이라고 불린다고 한다.

고려시대의 기록에 따르면 중국 송나라의 높은 관리들이 해남의 달마산에 찾아와 비경에 찬탄하고 예찬하였다고 전해진다. 새벽부터 부산을 떨고서 장거리를 달려 온 보람이 크게 밀려만 왔다.

우리나라에서 가장 아름다운 사찰의 모습을 갖추게 된 달마산 미황사를 찾게 되었음은 글쟁이들에게는 무척 행운의 재발견이었다. 코로 청정 속 깊은 숨을 화악 들이키면서 입으로는 속내의 탁한 공기를 내뱉기를 여러 번 반복하면서 미황사 사찰 경내에서 가장 높은 곳인 응진당으로 헉헉거리면서도 벗들과 손을 잡고서 가볍게 올라갔다.

응진당에서 내려다보는 발아래 풍광은 가히 절경이었다. 특히 해질 녘에는 진도와 주변의 섬들이 붉은 바닷물 위로 둥둥 떠 있는 환상의 수채화가 펼쳐질 것이리라.

달마산 산 이름도 마치 중국의 산 이름만 같다. 사찰 밖은 수천 개의 돌산들이 울울창창한 수림처럼 턱 버티고 있는 모습도 중국의 기암산 같이 느껴졌다. 대웅보전 안에서 올려 치켜보던 감동의 물결을 다시금 느끼면서 산사에서 하루만이라도 묵고만 싶어졌다.

요즈음은 산사에서 일반적인 법회도 하지만 한 일주일 정도로 템플 스테이와 참선 집중 수행의 프로그램이 잘 개발되어서 깨우침의 기회도 많이 제공되어 있다. 마음이 복잡하고 삶이 힘들 때 우리들은 이처럼 삶의 향기를 제공해 주는 참선 수행을 해보면 참 좋을 것 같다.


천개의 부처님 형상을 벽화로 보았듯이 산사 밖에서도 천개의 불상들이 달마산을 튼튼하게 수비하면서 병풍처럼 에워싸 탁 버티고 서서 달마산 미황사를 굳건하게 지키는 해남 땅 끝 마을 달마산에 마냥 반해 버렸다.

# 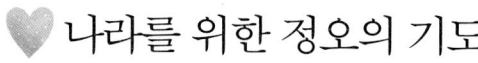 나라를 위한 정오의 기도

어떤 간판 하나 때문에 나는 애국자가 되고 있다. 송정터널을 빠져나오면 송정바다에 다다른다. 어느 날 우연히 버스 오른 켠 차창으로 내다보고 있는데 "나라를 위한 정오의 기도"라는 간판에 내 마음은 동요되기 시작하였다. 누가 뭉클 애국심이 샘솟는 저 아름다운 글귀를 내다 걸었을까?

송정터널 지나서 기장 보금자리로 갈 때는 오른 쪽 창밖이고, 기장서 볼일을 보러 나갈 때는 터널입구 되기 전 왼쪽 창밖이다. 큰 글씨라도 간판 방향으로 스쳐야 눈에 확 들어온다. 즉 송정터널을 지나 대변 기장방향으로 갈 때에 더욱 또렷이 스치게 된다.

가끔 외출하게 되면 보고 또 보던 어느 날 차창 밖을 유심히 관찰한 결과 그 아름다운 글귀는 조그만 교회 건물의 담벼락에 걸쳐져 있음을 알게 되었다. 나는 언젠가 그 건물을 꼭 찾아가보고 싶어졌다. 왜냐면 볼 때마다 애국심이 발동하기 때문이었다.

핵무기니, 꽃제비니, 북한 강성제국이니, 흉흉한 비양심의 난동 때문에 우리 국민들은 자나 깨나 상처를 머금고 살기 때문이다. 이제는 세계가 다 나서서 세계평화를 위해 북한을 주시하는 시대가 되고 있다. 천안함의 상처도 채 아물기도 전에 핵무기를 연이어 발사하면서 우리 대한민국 아니 전 세계를 위협하고 있다.

내가 기장으로 이사 온 지도 8년 세월이다. 왔다 갔다 그 아름다운 글귀를 내 가슴속에만 모시기에는 너무나 게으른 생각이 들었다. '나라를 위한 정오의 기도'... 간판이 난무하는 시대에 얼마나 마음을 가다듬는 글귀이더냐? 정오 즉 낮 12시만 되면 송정 바다가 내려다보이는 그 자그만 교회에서는 어김없이 나라를 위해 기도를 올리고 있을 것이다.

생각하게하고, 묵념하게하고, 나라의 안보를 위해 잠시나마 매일매일 기도를 올리는 것이다. 얼마나 성스럽고 감사한 간판인가? 스쳐 지나치는 그 아름다운 글귀를 보는 사람들마다 분명히 애국심이 샘솟을 것이니 말이다.

이 글귀를 담벼락에 내다 건 주인공을 만나려 꼭 들리고 싶다. 아마도 목사님이시겠지?... 느끼면서 오늘도 차창 밖에서 나와 눈도장을 찍고 있는 소중한 글귀를 위해서 나는 부지런히 컴퓨터 좌판을 두드려야겠다.

조그만 교회 간판 때문에 나는 오늘도 잠시 나라를 위해 묵념을 하게 되었다. 두 손을 가슴에 모으면서 진심으로 나라를 위해 기도를 바치게 되었다. 살면서 먹고 살기 바빠서 이런 저런 핑계로 어디 나라를 위해 스스로 진심어린 기도를 바쳐보았는가? 스스로 반문해 보았다. 교회 예배 때나, 성당 미사 때나, 스님의 기도를 제외하고서 나 스스로 나라를 위해 잠시라도 두 손 모아 기도를 해 본적이 없었기 때문이었다.

아무리 버스가 빠른 속도로 달려도, 비가와도, 내 눈빛은 그 사랑스러운 글귀를 존경심으로 찾아내고만 있었던 것이다. 보는 이로 하여금 스스로 정화되게 하면서 심금을 자각케 하고 있으니 말이다.

우연히 새벽 3시에 잠이 깨었던 어느 날이다. 초여름 내 머리맡을 내리비추고 있는 새벽달의 우아한 자태 앞에서 홀연히 두 손을 모으고 있었다. 나라를 위한 새벽의 기도가 되고 싶었다. 무한대의 정적 속에서 그 크나큰 우주는 한 개인의 창가를 제 각각 비추어 주면서 반성하게하고, 결심하게하고, 사랑하게 하고 있음을 깨닫게 되었다.

아무도 침범할 수 없는 무한대의 황홀한 정적 앞에서 나는 그 글귀를 위해 새벽잠을 반납하기로 했다. 무슨 교회라는 간판보다 몇 백배나 더 사람들의 마음을 이끌고 있는 "나라를 위한 정오의 기도" 이 아름답고 존경스러운 한 마디에 진심으로 자꾸만 두 손을 모우고 싶다.

나라를 염원하는 마음이 담벼락에 펼쳐져서 보는 사람마다 뭉클 애국심을 샘솟게 하는 교육을 저절로 하고만 있다.

오늘도 내일도 아니 영원히 낮 12시만 되면 끊임없이 두 손을 모우면서 고개 숙여 우리 대한민국을 위해 온 몸으로 울부짖는 그 애끓는 기도 소리가 듣고 싶다. 나라를 위해 하루도 빠지지 않고 기도하는 그 사람들을 만나러 가야하는 것이 내일의 숙제가 되고 있다.

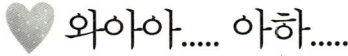 와아아..... 아하.....

자고나니 온통 하얗게 눈이 왔구나... 밤새도록 소리 없이 눈이 와서 아침에 잠에서 깨어난 사람들은 모두 너무 놀라고 있다. 왜냐면 부산은 따뜻한 날씨라서 눈을 보기는 극히 드물기 때문이다.

2월 중순에 뽀오얀 흰 눈이 산위에도 나무들 위에도 자동차들 위에도 지붕 위에도 모든 존재하는 것들을 다 덮고 있었다. 앞산을 봐도 뒷마을을 봐도 저 멀리 도로끝자락도 모두를 뽀오얀 포근함으로 똑같이 다 덮어버렸으니, 마치 백설의 축제를 보여주고 있었다. 그런데다 그림 같은 세상 위에 계속해서 흰 눈이 펄펄 내리고 있으니 나는 흥분하게 되었다.

"펄펄 눈이 옵니다. 하늘에서 눈이 옵니다..." 아이시절 노래를 흥얼거리면서 내내 지켜보고 있었다. 난생 첨 맛보는 진풍경이다. 앞산이 하얗고 나무들마다 설화로 뒤덮힌 위로 펄펄 눈은 계속해서 오고 있으니 그 진풍경을 놓칠 수가 없었다.

아하! 눈은 이렇게 오는구나... 나는 내 눈을 의심하면서 세심히 관찰하게 되었다. 눈알갱이들이 분분이 흩날리면서 춤을 추고 있는데... 아무리 대기 중의 찬 수증기가 찬 기운을 만나 얼어서 땅 위로 떨어지는 얼음의 결정체라지만 난 눈을 의심하게 되었다.

눈은 하늘에서 내리면서 이토록 찬란하게 서로서로 흩날리면서, 한데 포개기도 하면서, 아래에서 위로 솟구치기도 하면서, 위에서 아래도 뿌리기도하면서, 부둥켜안는 듯이 회전하면서 마구 둥둥 떠다니기도 하면서 하염없이 분분히 흩날리고만 있었다. 종일토록 눈을 실컷 바라보다가 창문을 열어 제치니 눈뭉치가 투욱 머리 위로 쏟아졌다.

육십 평생 동안 한두 번 정도 밖에 눈 세상을 보지 못했었다. 그것도 잠시 동안인데 부산은 하도 눈이 귀해서 아이시절 좋아라 뛰어나가 눈을 살살 손안에 뭉쳐서 조그만 눈사람을 만든 기억이 아득하다. 그리고 쌓인 눈에 사박사박 발자국을 찍어본 기억도 몇 번밖에 없다.

이토록 오늘처럼 오전 오후 계속해서 분분히 흩날리면서 춤추고 있는 진풍경을 바로 쳐다 볼 수 있음은 정말 큰 행운이다. 아마도 오늘 내내 밤까지 흩날릴 것만 같다. 나는 강원도 어느 산간지방에 파묻혀 사는 듯 했다. 많이 쌓여서 오도 가도 못하는 산간지방의 하얀 세상... 발이 푹푹 빠져 갇힌 세상을 체험하는 듯했다.

오늘은 큰 손자의 생일이다. 어제 생일 선물로 삼남매의 옷들을 한 벌씩 사왔는데 그 옷을 입히고서 삼남매들과 앞마당에 나가서 눈을 뭉쳐서 자그만 눈사람을 만들어 보아야겠다. 애들이 커서 할머니와 눈사람을 만드는 추억을 심어주고 싶다. 고사리 손들에 털장갑을 끼고서 깔깔대면서 말이다.

하마 그칠세라 창밖을 바라보아도 여전하다. "퍼얼퍼얼 눈이 옵니다. 하늘에서 눈이 옵니다." 아이시절 동요는 온종일 귓가에 울려 왔다. 나는 얼른 컴퓨터를 켜고 독수리타법이지만 한 자씩 두드리면서 생생한 체험의 순간을 메우고 있었다.

온종일 흩날리는 백설의 춤을 지켜보다가 아이들처럼 온몸이 자꾸만 들썩여서 얼른 등산화에 아이젠을 끼우고 앞마당에 나갔다. 손자 셋을 앞세우고 앞서거니 뒤서거니 마치 뒤뚱거리며 걷고 있는 네 마리 오리 궁둥이의 추억이 되는 순간이었다.

# 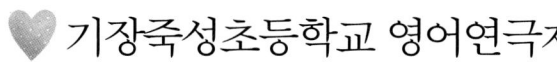기장죽성초등학교 영어연극제
- 2013. 6. 21

내 손자 셋은 모두 죽성초등학교에 다닌다. 기장 죽성초등학교 영어연극제가 열리니 죽성초등학교 학부모님들은 모두모두 기장 군청 '차성아트홀로 모여라'라는 초대를 받았다.

나는 손주 셋을 보살피는 할머니로서 참가하게 되었다. 우리들 몰래 언제부터 영어로 연극을 할 수 있게 되었는지? 정말 가슴 뿌듯하기만 하였다.

조그마한 어촌 마을에 위치한 죽성초등학교는 폐교 직전에 놓인 적이 불과 3년 전일이다. 젊은 엄마들이 한 학년에 열 명 정도 밖에 안 되니 얼마나 개인 지도를 잘 받을 수 있냐면서 하나 둘씩 자녀를 죽성초등학교에 보내게 되어서 폐교를 막은 것이었다. 그리고 죽성초등학교 졸업생들이 똘똘 뭉쳐서 폐교를 막기 위하여 혼신의 노력과 사랑을 베푼 덕분이었다.

캐나다에서 오신 영어선생님은 채 1년도 안된 시간들 속에서 어떻게 전교생 85명을 영어로 노래하고 춤추고 연극을 할 수 있게 하였을까?

나는 너무 좋기도 하고 신기해서 일찍 와서 기장 군청 차성 아트홀 앞 좌석에 앉았다. 내가 알기로 영어학원에 방과 후 보내려면 엄청 많은 수강료가 있어야만 했다.

우리 서민들은 거의 생활비가 다 들어가야만 둘 셋 자녀들을 영어학원에 다니게 할 수가 있었다. 그런데 어찌 빠른 기간에 전교생 아이들이 영어로 연극과 놀이를 할 수 있게 되었을까? 나는 숨죽여 한 순간도 놓치지 않고 눈 속에 스마트 폰에 담느라고 바빴다.

영어선생님 두 세분께서 어떻게 술술 영어로 맥베스연극을 할 수 있게 지도했단 말인가? 즉 학부형들께 영어교육성과 발표회를 연 것이다. 특히 아버님들이 거의 다 참석하셔서 자녀들의 영어연극제를 보면서 박수치며 내내 흐뭇해하시는 표정을 지켜보면서 나도 너무 기뻤으며 자랑스러웠다.

임진왜란 때 7년 동안 기장의 죽성 항에다 배를 정박해 놓고서 수시로 죽성 농어촌 주민들을 괴롭혀 왔었다. 그 시골 어촌 마을의 죽성 초등학교에서는 지금도 전교생 85명이 감자도 캐고, 딸기도 따면서, 고구마도 직접 캐보면서 체험학습도 열심히 하고 있다. 나는 손주들이 캔 감자를 가지고 요리를 하니 더욱 그 감자요리가 맛 나는 것 같았다. 딸기도 고사리 손으로 땄으니 더 달콤하였었다.

해풍이 불어오는 그 넓은 운동장에서 몸소 체험학습도 하면서, 영어도 술술 구사하면서 그렇게 멋지고 건강하게 자랄 것만 생각하면 배가 부르다.

진녹색 산등성이 아래 두리 두둥실 구름처럼 운동장을 신나게 뛰어노는 모습도 종종 보게 된다. 호주의 자매학교와 화상 수업을 하기 시작하였던 지난 봄날 어느 날 방송을 통해서 영어로 수업을 하는 4학년 큰손자의 모습을 보면서 참 놀라웠었다.

모두모두 모여라... 기장군청 차성 아트홀 저녁 7시 시작... 사회를 보는 남학생과 여학생은 예쁜 신랑각시처럼 턱시도와 드레스를 입고서 또랑또랑 영어로 사회를 보기 시작하였으니 나는 또 놀라고 있었다. 백설 공주 2명과 왕자 1명의 영어사회는 지켜보는 모든 사람들에게 희망 덩어리였다.

첫무대는 아장아장 유치원생들이 영어발음으로 무어라 한 결 같이 의젓하게 흔들어대면서 영어로 노래를 하고 춤을 추고 있었다. 막내 손자는 5살로 유치원 1학년생이다. 맨 앞줄에 서서 영어노래를 따라서 부르며 유쾌한 스텝으로 춤을 곧잘 추는 것을 바라보았다.

지켜보는 모든 사람들은 앙증스러움과 기특함에 어쩔 줄 몰랐다. 영어로 능란하게 노래하고 모두 딱 춤동작에 맞추어 손과 발이 재빠르게 착착 움직이고 있는 무대 위는 감동 그 자체였다.

행여 부모님들은 틀릴세라 조마조마하고 있는데 마치 아이들은 푸른 바다의 물고기들처럼 찬란히 팔딱거리고 있었다.

우리들은 알아듣지 못해도 마음껏 웃고 있었고, 똑똑한 영어발음에 대견스러웠고, 자기네 아이들의 모습을 카메라에 담느라 분주히 셔터를 눌리고 있었다.

저학년들의 "양치기소년" 연극과 고학년들의 "맥베스" 영어연극제를 바라보는 부모님들은 연신 싱글벙글하시고 계셨다. 유창한 "맥베스" 영어연극제였다. 전교생들이 한데 어우러진 영어노래와 율동은 찌든 삶의 걸망을 흩날리고 있었다.

  또 배운지 몇 개월 안 된 오카리나를 부는 초등학교 1학년생인 손녀를 바라보았다. 내가 3년을 배운 개똥벌레를 연주하고 있었으니 너무 자랑스럽고 흐뭇해졌다.

  끝으로 팥빙수가 그려진 티셔츠를 입고서 화음에 맞추어 춤추고 있는데 팥팥팥 빙수빙수빙수... 할머니인 나도 그만 덩달아 신이 나서 계속 따라 부르고 있었다.

  저 현란하고 총명한 꼬마 예술가가 되기까지 재미난 영어교육에다가 예능까지 접목한 끊임없는 가르침은 훌륭하였다. 지금도 스승님들께 존경의 박수를 듬뿍 보내고 싶다.

  그리고 첨단교육에 힘을 실어주는 기장의 슬로건아래에서 무럭무럭 총명하고 튼튼하게 자라 날 새싹들에게도 아낌없는 격려의 박수를 보낸다. 끝까지 다 지켜보았던 정말 보람된 저녁시간이 되었다. 자라나는 아이들에게 꿈과 희망을 심어주고 있는 기장 죽성초등학교 파이팅! 이라고 큰 소리로 외치고만 싶다.

  집으로 돌아오는 차 안에서도 삼형제들은 영어로 떠들면서 노래도 흥얼거렸으니 지켜보던 딸과 사위의 마음은 얼마나 뿌듯하고 자랑스러웠을까? 할미인 내 마음도 이토록 흥분되었으니 말이다. 어느 외국인 학교가 절대로 부럽지 않았다.

  헌신적인 교육의 성과는 정말 압권이었다.

## ♥ 제자의 꽃바구니

스승의 날 꽃바구니는 나를 깨우친다. 내가 제자의 나이되어 청춘을 노래하며 지혜를 가르칠 때 제자가 짙은 눈망울 반짝이며 나를 놓치지 않았던 시절이 떠오른다.

돌아보면 그 날이 얼마 되지 않은 것 같은데 세월은 언제 흐르고 흘러 벌써 여기까지 왔는지... 누가 그때 인연을 밀어내어 오늘 우연히 제자를 만나게 되었는지?

스승의 날이라고 내게 안겨 준 제자의 꽃바구니 앞에서 나는 재회의 기쁨과 어떤 슬픔이 교차됨을 느꼈다. 제자가 운영하는 복사가게에 앉아서 두툼한 프린트 용지를 복사하고 있었을 때 나는 문득 제자의 가냘픈 체구를 느꼈으며 윤기 없는 해맑은 얼굴을 훔쳐보게 되었다.

청제비 날갯짓에 딸려간 삼십년을 되돌아보면서 한숨지었다. 제자의 꽃바구니 속에서 먹고 살기 바쁜 제자의 모습이 꼭꼭 숨어서 나를 울적하게 하고 있었다. 복사가게를 연지가 20년이 지났다고 한다. 잠시만 앉아 있어도 복사기에서 뿜어져 나오는 유해 전자파의 소음과 냄새가 진동하고 있었다.

대학가의 창밖도 북적거렸고 복사가게의 기계들도 북적거렸는데 어느새 전자파의 불빛과 소음은 제자의 눈빛과 얼굴빛을 흐리게 하는 것만 같았다. 청춘시절 싱싱했던 제자의 모습이 복사기 앞에서 자꾸만 시들어가는 것만 같아서 마음이 아팠다.

시집간 딸이 손자 셋을 낳아 이웃에 살고 있으니 내 시간은 땀 흘리는 삶에 지쳐 있었고, 제자는 먹고 살기 바빠서 온종일 복사기 앞에 서서 동분서주하고 있음을 지켜보았다.

삶의 여가를 즐길 시간은 오직 일요일뿐인 제자의 일과를 떠올리면서 그래도 나는 손주들 돌보면서 잘 수도 있고 함께 산책할 수도 있으니 내가 훨씬 편한 삶인 것만 같아 송구스러워 졌다.

왜냐면 스승의 날이라고 내 품에 안겨 준 탐스러운 그 꽃바구니를 받아들고서 집으로 향해 책상 위에 얹어 두었는데 며칠 동안 그 꽃바구니는 화려하게 장식되었지만 꽃송이들 사이에서 품어져 나오는 제자의 영상은 분명히 나를 슬프게만 하고 있었다.

청춘시절 앞줄에 앉아서 똘똘했던 제자가 나보다 더 먼저 늙어가고 있음에 나는 자꾸 슬퍼만 졌다. 제자를 만나고 나서부터는 이웃들이 놀러다님이 늘 부러웠었고 해외여행을 가끔 떠나는 친구들을 늘 부러워했던 나 자신에 채찍질을 하게 되었다.　한 평 남짓한 복사가게에서 소음에 진동에 냄새 속에서 내내 서서 일하다가 바쁠 땐 끼니도 제때 못 챙겨먹고 있어서 나는 점심때를 딱 맞추어 비빔밥을 식당에서 배달시켜서 함께 나란히 먹기도 했다.

어떨 땐 대학가의 손 짜장면 집에서 직접 쟁반을 받들고서 깜짝 나타날 때면 방긋 웃으며 얼른 신문지를 깔고서 담소 속에 후루룩 먹기도 했었다.

오직 충실한 제자의 삶을 지켜보면서 나도 덩달아서 열심히 손주들을 키우게 되었고 틈틈이 창작에 몰두하게 되었다. 한 움큼 창작한 프린트 뭉치를 들고서 자주 제자의 가게를 드나들게 되었다. 너무나 검소한 제자의 차림새가 만나든 만나지 않던 항시 내 가슴을 아리게 하고만 있었던 것이다.

제자가 중학생일 때 나는 풋풋한 국어 선생님으로 만난 제자와의 특별한 인연의 세월이 17년에 이르렀다. 수많은 세월 속에는 큰 언니처럼 돌보면서 먹을거리들을 함께 나누기도 했으며, 기쁨과 슬픔을 공유하면서 지내고 있다.

오늘도 두툼한 복사 뭉치를 들고서, 또는 코팅 사진을 들고서 자주 드나들고 있으니 진정 멀리 사는 형제들보다 더 가까운 사이가 되었다.

스승의 날이 다가 올 때마다 제자의 꽃바구니는 내게 기쁨보다 슬픔으로 인도하고 있으니 5월 달 스승의 날 즈음에는 일부러 들르지 않고 있다.

손주 셋을 키우느라 무수히 분주한 육신 속 창작의 밀실과 제자의 복사가게 전자파 속 소음의 두 수레바퀴가 제자의 꽃바구니 속에 숨어서 지금까지도 일탈을 꿈꾸지 못하고 있다.

4부 나눔

# 정情

일탈이다
뙤약볕 아래 걸어가는데
땀이 줄줄 흐르고 있으나
그녀들 웃음소리가
선풍기 바람처럼
내게 불어오고 있구나
어떤 나눔의 사랑이
펼쳐지는 풍경의 스케치들
숙성된 매실 고추장에 빠진 마늘쫑과 오이 고추
탐스럽게 먹던 눈웃음들이 내 발목을 붙잡고 있구나
조금 덜먹으면 정겨운 호사를 누릴 수 있으니
봄날에 캔 쑥 뭉치로
방금 만든 쑥개떡을 받들어 향하고 있구나
열심히 일 하느라 끼니를 제때 챙길 수 없는
그녀들 식탁 위에서
고소한 콩고물에 찍어먹는
정겨움이 밀려오는구나
살면서 무엇을 사랑하고 있는가
열 두 시간 내내 서서 일하는
땀 흘릴 시간조차 없는
고된 삶의 진풍경이
하하하하 호호호호
그 속에 그대로 숨어서
나오지를 않는구나.
- 2014. 7. 25

## ♡ 성지곡 숲길로 숲속으로

　도심에서 그리 멀지 않은 성지곡 숲속으로 자주 가 볼일이다. 봄이 연두라면 여름은 초록 그 여름이 저만치 가고 있는 성지곡 숲길로 숲속으로 가자. 나무가 내뿜는 산소를 들이키며 몸속 이산화탄소를 내 뱉으면서 그래서 내가 숲이고 숲이 나라는 걸 깨닫는 순간 마음이 맑아져 와 자연 속 휴식의 뿌듯함을 느끼게 된다.
　쭉쭉 뻗은 늘씬한 저 측백나무 숲속에서 지그시 올려다보는 까마득한 하늘 한 조각과 숲이 주는 무한의 풍성함을 탐색하는 호사를 누릴 수 있었다. 암벽사이에서 출출 흘러가는 시원한 계곡에 발을 담그니 한여름에 흘렸던 땀방울이 다 씻겨 날아가고 있었다. 주위의 풍경 속 노부부는 멍석 위 맛있는 음식 마주하며 웃고 있었고 연인들은 시냇물에 졸졸 다가 올 인생을 논하고 있었다.
　더 높은 계곡에서 내려다보는 가을은 벌써 수군거리며 낙엽을 하나 둘

바람에 손짓하고 있었다. 발에 차이는 도토리를 주우면서 한 발 한 발 숲 속으로의 행보는 분명 날 싱싱하게 하였다.

산 속 약수터에서 마시는 청정수 한 바가지도 꿀맛이었다. 가슴을 펼치며 숲의 향내를 맡으니 숲은 내 안으로 스며들어 왔다. 꾸준히 산속을 찾아다니는 산 마니아들은 이런 쾌감에 흠뻑 젖어들겠지...

성지곡 숲길의 길목에는 젊은 부부들 아이들 앞세우고 어린이 대공원 관람열차 타며 환호성 휘날리는 저 풍경 모두를 커다란 호수는 말없이 빨아들이고 있었다. 청정 숲속 시원한 산바람의 호숫가 진정 삶의 활력수가 되고 있었다.

추억 한 컷 찰칵 날아가는 산새도 카메라에 실리랴 수군대는 행복의 요람이었다. 호수를 내려다보며 삶의 만추를 되새김하는 한 중년 신사는 다가가도 꿈쩍도 않는다. 남이야 신경 쓰지 않고 마치 긴 의자를 전세 낸 사람처럼 한 낮의 오수를 즐기는 어떤 중년 여인도 하마 깨어날까? 주위를 빙빙 맴돌아도 숲속 어머니 품에 안겨 꿈속을 헤매는 중이다. 그들의 뒤에서 숲속으로 한없이 기어 올라갔다.

어떤 아저씨 산을 무대 삼아 측백나무 올려다보며 소리 지른다. 마치 오페라의 주인공처럼 커다랗게 연습중이다. 산울림에 매료되어서인지 시종일간 음성을 조율하는 노랫소리는 도시의 소음에 길들여진 멍한 귓속을 뻥 뚫리게 하였다.

울울창창 진풍경들은 저물어가는 가을의 향기를 흠뻑 안아다 주었으며 아련한 고향의 향수를 품게 해 주었다. 우리들은 살기 바빠 이 고마운 숲속을 몇 번이나 와 봤는가? 먼 거리 차속에서 긴 시간 치대지도 않고 돈도 들지 않는 성지곡 숲속과 호수 그리고 울창한 저 수목들을 보라. 과연 부산의 명소이다.

높푸른 측백나무 숲속에 칭칭 감겨 지나온 삶과 다가 올 삶을 재조명 할 수 있는 곳... 백조 등에 올라 타 시심을 달래는데 호수 위 구름다리는 한 폭의 수채화였다. 백양산 자락에 수 놓여 질 낙엽들은 산들산들 불어오는 가을바람의 치마폭을 흔들어 금새 도심의 땀방울은 흔적도 없이 보송보송해졌다.

여름 내내 청록을 뿜어내던 신록의 하품소리들... 이제 서서히 단풍으로 옷을 갈아입고 물드는 산야로 나들이 갈 채비를 하겠지. 정다운 사람들 손에 손잡고 모처럼 가족들과 담소를 나누면서 숲길로 올라서는 길목 가드레인에 시화전이 열리고 있었다. 잡았던 손 놓으며 다가서는 아가씨들은 시들의 풍경 속에 흠뻑 빠져서 떠날 줄을 모르니 어서 오라 부르는 손사래 나를 스치고 있었다.

나도 그들 틈 속에 끼어서 내가 쓴 시를 독자 되어 읽어보는데 밤을 지새우며 백지와 씨름한 내 쫄쫄한 진통의 밤이 창작의 주마등을 싣고 하염없이 스쳐지나가고 있었다.
"청포도" 시 한편 오롯이 매달린 청춘의 청포도들이 윤기 있는 입술로 나를 반기며 주인님 아롱다롱 날 쳐다보소서! 알알이 올올이 맺힌 당신의 수확 거두어 가소서! 첫사랑 아렴풋한 그 형상 안고 가소서... 청포도 알갱이 깊은 곳으로부터 외치고 있었다.

 꿈에도 잊지 못할 성지곡 숲길로 숲속으로 나비의 나래처럼 내려오고 있었다. 웬만한 상처들 다 스쳐 흘러가버리는 상큼한 숲속의 포로가 되었다

## 💕 민방위의 날 점심을 쏘다

   기다리던 민방위의 날이다. 소중한 인연으로 만나는 그들을 위해 마음대로 부담 없는 날짜를 민방위의 날로 정해 놓고 설레는 한 달을 기다렸다. 좋은 소식이 있어도 번거로운 것 같아 미루고 보고 싶어도 참았다. 그랬더니 어느 새 민방위의 날이 다가왔다.

   한 달 동안 좋은 사람들에게 기장의 쪽파 김치랑 여수 돌산 김치를 조금씩 나누었다. 고춧가루가 난생처음 금값이니 사람들은 아무도 김장 하셨어요? 라며 묻지를 않는다. 12월도 중순이라 이제 김장을 하려고 냉동실의 고춧가루를 꺼내니 3근 정도 밖에 남지 않았다. 올해는 그냥 이 3근으로 배추 10 포기만 하여야겠다. 20포기 김장을 하지 못해도 냉장고 문만 열면 5종류의 특미 김치가 기다리고 있었으니 든든하였다.

   그래도 날마다 얼마나 풍성하였던가? 쪽파 김치와 갓김치, 함양 고랭지배추김치를 먹은 지인들이, 먹고 살기 바빠 김치 담글 엄두도 못내는 친구가, 몸 아파 김치를 사 먹어야하는 친구가, 귀한 인연들이 그 얼마나 많은 감사의 눈웃음을 내게 보내 왔지 않았느냐?

　맛깔난 음식은 과연 정성이 듬뿍 들어야 한다는 사실을 몸소 실천하고 있었다. 남해 앞바다 신안 소금으로 간을 해 찹쌀 죽과 찰 보리죽을 푹 끓여 갈아서 새우젓과 멸치젓에다 5가지 신토불이 표고버섯, 다시마, 마른 새우, 은빛 멸치, 홍합가루가 한데 어울려 김치 맛은 촉촉한 예술로 태어나고 있었으니 말이다.

　친척의 고추밭 함량 고춧가루는 김치의 색깔과 맛을 한층 북돋우고 있었다. 게다가 함량 고랭지 배추까지 초등학교 동창으로 부터 선물 받았다. 연산동 시청 앞 광장 한 쪽에다 풀어 놓고 사라진 우정의 배추들을 가지러가던 날 난 참 행복했었다. 열과 성을 다해 김치를 만들어 배추 주인에게 먼저 나누리라 마음먹었다.

　배추는 싸도 들어가는 양념값이 많이 드니 조금씩만 하는 것 같았다. 김치 속엔 팔딱거리는 보리새우와 싱싱한 굴을 넣어야 하고 잔 갈치와 잔조기도 김치 사이에 넣기 위해서 김장철엔 기장시장이 장날처럼 붐비고 있었다. 이토록 풍성하고 싱싱한 기장에 살고 있음이 참으로 축복 받은 것만 같다.

　며칠 전부터 빨주노초 파프리카가 고소한 밤과 함께 현미 찰밥 속에 비벼져 그들을 눈으로 먹게 하고 싶어졌다. 커다란 쟁반 접시에 맛깔난 김치가 펼쳐지고 영양 만점 토마토는 올리브유와 호두, 잣. 아몬드와 살짝 익혀져 장국처럼 먹이고 싶었다.

오늘 이 특별한 만찬을 위해 나는 한 달 내내 행복한 미소를 머금고 있었다. 함량 고랭지 배추는 아삭거리고 껍질이 얇아 숙성되어도 신선하듯 아삭아삭 오감을 진동시키고 있었다. 이제 내일이면 15일 드디어 기다리고 기다리던 민방위의 날이다.

손주 녀석들에게 오색 밥상의 연습을 가끔 해 왔었다. 어린 것들은 화려한 밥 색깔에 매료되어서인지 다 훑어 먹은 빈 그릇을 들고 와 "할머니 다 먹었어요."라며 차례로 뽐내고 있었다.

한 달 전부터 메뉴는 그려지고 있었으며 벌써부터 맛있게 먹는 그들의 표정들이 피어오르고 있었다. 초대 받은 밥상 위 정성이 깃든 만찬은 그렇게 펼쳐졌었다. 그 날의 뿌듯함은 지금도 내 삶의 활력소가 되고만 있다.

난 항상 푸욱 숙면을 취한다. 왜냐면 싱크대 앞에서 찬물에 손을 혹사하는 시간이 길기 때문이다. 깻잎 한 장 한 장 천 장 넘어 앞뒤로 깨끗이 씻는 일은 중노동이었다. 서서 씻으니 허리도 등줄기도 목도 아파 왔다. 싱크대 문짝에 몸을 기댄 채 흐르는 물에 정성스레 씻어서 차곡차곡 소쿠리에 받혀야만 한다. 수돗물에 움푹 패여 있는 내 손톱들을 어루만져 보았다.

운전을 못하니 낑낑대며 이 모든 재료들을 손수레에 끌고 다닌다. 택시를 탈 때도 있지만 기장시장의 싱싱한 재료들을 수시로 끌고 봉대산 산자락을 올라오는 일이 허다하다. 그러니 꿀잠을 잘 수밖에 없다. 불면증에 시달리는 사람들은 나처럼 일을 많이 하면 피곤에 지쳐 꿀잠을 잘 수 있을 것이다.

누군가에게 그 무엇을 분홍색 보자기에 고이 싸서 보내시는 부모님의 손길을 내내 보면서 자라왔다. 아마도 그 진국의 어머님 솜씨를 그대로 물려받았으며, 이웃들과 나누는 미덕도 부모님으로부터 그대로 전이되었나보다.

살면서 늘 베풀며 살아오신 저 하늘에서의 서광이 내 형제와 내 이웃을 사랑하라며 새벽하늘 무한대의 정적 속에서 내 양심을 일깨우고 있다. 아마도 젊은 날 부터 조금씩 베풀며 살아 온 내 나름대로의 생활습관이 나 자신도 모르게 몸에 베여져 있나 보다.

힘닿는 그 날까지 조금씩 실천하고 싶은 진정 내가 살아가는 이유가 된다.

# 토암 도자기공원에서

 대변항이 내려다보이는 공원에서 음악회가 열린다. 해마다 10월의 마지막 밤이면 대변바다 언덕에 위치하고 있는 토암 도자기 공원에서 '토암 음악회'가 열린다. 처음엔 몇몇 사람들이 모여서 작은 음악회가 열렸는데 지금은 천명이 넘는 시민들이 찾는 음악회가 되어 기장의 명품 음악회가 되고 있다.

 인간들의 희로애락이 담긴 얼굴의 흉상을 도자기로 탄생시킨 故 토암 선생님께서는 아픈 몸을 이끌고서도 정성과 열정을 다 바쳐서 달빛 품은 도공의 흔적을 영원히 남기셨으니, 우리들은 항시 바라보면서 토암 음악회의 향기를 음미하면서 또 즐겨 찾고 있는 기장의 명소가 되고 있다.

 나는 십년 전 몇몇 지인들과 함께 우거진 노송 아래를 걸었던 그때의 자애로우셨던 그 토암 선생님의 모습이 스쳐지나 가고 있었다. 대변바다 위 출렁대는 우거진 소나무 숲을 올려다보면서 불과 몇 년 전인 것만 같았다. 벌써 9년 전 일이라니 도도한 강물처럼 흘러가버린 세월에 성큼 아쉬움이 밀려왔다.

수 백 개 도자기의 모습들도 특이 했지만, 어느 것 하나도 같은 표정은 찾아 볼 수가 없었으니 말이다. 특히 인간의 얼굴을 마치 글쟁이들의 표정처럼 무수한 할 말들을 표출하고만 있었다. 인간 내면에 잔재하고 있는 분노를, 사랑을, 기쁨을 저토록 앙증스럽게 도공의 솜씨로 표현해내고 있었다. 과연 그때의 감흥을 잊을 수가 없었는데 10년 세월 만에 다시 찾은 도공의 예술작품들은 하나도 변하지 않았는데 그 멋진 도공님은 간곳이 없다.

제각각 애교의 토기들은 눈웃음치며, 날 뚫어져라 투시하면서 내게 왜 이제야 왔느냐며 원망의 아우성을 보내고 있었다. 쌀쌀한 가을 밤 바닷바람에 몸은 으스스 움츠려 들었으나, 마음은 너무나 따뜻하였었다.

수많은 시민들은 발아래 대변항을 만끽하면서 다 따뜻한 국밥을 먹었으니 배도 든든하였다. 하늘나라에서도 "우리 따뜻한 국밥이라도 한 끼 같이 먹읍시다."하시는 듯 토암 선생님께서는 흐뭇한 표정으로 내려다 보시는 것만 같았다.

토암 음악회! 바다를 품고서 산을 품고서 숲을 품고서 시민들의 마음을 흠뻑 적시고 있었다. 대형 스크린이 걸리고 여성, 남성 아나운서가 사회를 나란히 마치 열린 음악회의 마당이 되고 있었다. 대변항 등대불빛을 바라보면서 마당도 모자라 돌섬 언덕 곳곳에 켜켜이 시민들은 옹기종기 밤바다의 낭만 음악회를 즐기고 있었다.

기장 청소년오케스트라의 연주는 해마다 여름에는 별빛음악회를 열었으며, 겨울에는 정기 연주회를 개최하여 시민들과 아름다운 음악회를 열고 있었다. 낭만이 가득한 이 가을에 찬란한 음악회는 기장의 하늘아래 대변항을 수놓고 있었던 것이었다.  내 친구들은 칸타빌레 오카리나 연주단의 자격으로 아빠의 청춘과 개똥벌레와 철새는 날아가고를 연주하여 우리들의 귀를 행복하게 하고 있었다.

  경성대 테너 교수님의 "그리운 사람아"와 "무정한 마음"의 노래는 청량한 목소리로 확 트인 바다를 그토록 높다랗게 치켜 부르는 것 같았다. 여러 가수들의 노래를 따라 부르면서 수많은 시민들은 잠시나마 시름을 잊고서 함께 두둥실 춤도 추고 있었다.

  10월의 마지막 밤에 '토암 음악회'는 쌀쌀한 갯바람도 잊게 하였으며, 천명이 넘게 모여든 시민들 모두의 얼굴에서는 화기애애한 광채가 빛나고 있었다. 몇 시간 동안이라도 흠뻑 행복감에 젖어 들었었다. 시월의 마지막 밤에 우리들 가슴속에 깃든 영원한 도공이신 토암 선생님께서 대변항을 흐뭇하게 내려다보시는 것만 같았다.

  빙그레 토기를 빚으시던 그 자애로우셨던 토암 선생님의 모습이 어떤 情으로 얼룩진 익살스런 도자기 얼굴로 자꾸만 아른거렸다. 돌아서는 발길을 애린의 미련으로 붙잡는 것만 같았다.

## 💕 홀로서기

홀로 살아가는 그녀는 멋쟁이였다. 가끔씩 전화가 와서 글을 쓰는데 도움을 청하는 한 여인의 홀로서기이다. 그녀는 봉사활동으로 자신의 사업으로 취미생활로 언제 봐도 여유롭게 보였다. 끼니를 챙겨 줄 남편도 속을 썩이는 자식도 없으니 얼마나 편할까? 라는 생각이 들었다.

주말이면 새마을 금고 등반 사람들과 항시 산을 즐기는 그 여유도 무척 부러웠었다. 나는 손자를 보살피면서 딸이 직장에서 올 시간만 기다렸으니 말이다. 한 때는 먹고 사느라고 레스토랑을 운영했었는데, 어느 날 초대하여 가 보았더니 그녀는 수많은 인과 관계의 사람들 틈에서 행복하게 도란거리고 있었다.

그녀가 끓여주는 커피 한 잔을 마시면서 명상에 잠겨 보았다. 홀로 잠을 잘 때면 물론 쓸쓸한 잠자리이겠지만, 그녀의 밝은 표정에서는 전혀 외로움을 찾을 수 없었다. 항상 수영으로 체력을 단련하러 다녔으며, 라

이온스 회원으로서 수많은 봉사 활동에도 적극적이었다.

　새마을문고협의회 회장직까지 맡으면서 그 지역의 모범이 되고 있는 그녀를 바라보는 나의 마음은 홀로서기가 너무 근사하게 보였으며 부러움의 대상이 되고 말았다. 그럭저럭 그녀와 인연을 맺은 지도 훌쩍 10년의 세월이 흐르고 있었다. 새하얀 승용차를 몰고 다니면서 늘 남을 위해 일하는 그녀가 부러워서 내 삶의 결망과 바꾸고 싶은 생각이 자주 들었다.

　하루는 골든 벨 클럽의 봉사단체의 서두 인사 말씀을 좀 써달라는 부탁을 받았는데, 어떤 일을 하고 있으며 또 어떻게 사람들을 돕는다는 사실을 내용에 적으면서 알게 되었다. 다시금 홀로서기 그녀의 삶이 더욱 빛나고 있었다.

　한편 가정생활에 얽매여서 당뇨병 남편을 보살피랴, 손주들을 보살피랴, 매일 동동거리는 날 바라보면서 세월의 흘러감을 인식할 시간적 여유가 없었던 나 자신이 한심스러웠다. 시간이라는 추에 딸려가고만 있는 팍팍한 삶이 초라하게만 느껴지고 있었다.

　그러던 어느 날 이었다. 매일 새벽 두 세 시까지 하는 영업이라 과로가 겹쳤는지 몸이 아픈 그녀를 방문 한 적이 있었다. 목감기가 든 사람처럼 목이 꽉 쉬었으며 자리에서 일어나지 조차 못하는 그녀를 보게 되었다.

　얼른 표고버섯과 새우를 넣은 구수한 된장국을 끓이고 삼삼한 취나물을 무쳐서 병문안을 갔던 날의 풍경이다. 널따란 방 침대 한 편에서 외로이 누워있는 그녀를 보는 순간 한 방 가득 쓸쓸함이 밀려왔었다.

　낮에는 봉사하느라 이리저리 남자들과도 어울려 함께 차를 타고 가는 일도 빈번했으니, 그녀를 바라보는 시선들은 뜨거운 쪽으로 사람들의 입에 오르내리기도 했다. 비록 남들은 여자 혼자 사니까 남자들과 같이 차만 타도 그녀를 곁눈질 할지 모르나 내가 바라보는 그녀의 인생관은 저 높은 곳에서 반짝거리고만 있었다. 해 마다 전국의 사찰에도 십년 세월 넘게 불우이웃을 위해 기부 해왔으며, 여러 봉사단체의 장도 맡으면서 도움의 손길도 여러 곳에 펼쳐졌음을 알게 되었다.

남들은 곤히 꿀잠에 빠져 있는 새벽 두 세 시가 되어서야 가게 문을 닫고서 퇴근하는 고된 삶을 지켜보면서 나 보다 더 힘든 여인임을 깨닫게 되었다. 땀 흘리며 온갖 수모를 겪으면서 피나게 번 돈으로 먹고 살기도 힘들 텐데... 육신은 날마다 지쳐 있는 그녀를 보게 되었었다. 그렇게 번 돈으로 아낌없이 기부를 하고 있는 천사의 마음을 가지고 있는 아름다운 사람이었다.

장사가 안 되는 날도 많았을 터인데 한 번도 찡그리며 흐트러진 그녀의 모습을 본적이 없었다. 항상 빗어 올린 단정한 머리며 우아하고 세련된 옷차림새는 주위의 사람들이 볼 때는 부러움의 대상이었다.

부침개를 들고 간 날도 매운탕을 들고 간 날도 언제나 잠이 모자라서 겨우 일어나던 그녀를 보아 왔다. 오늘도 땀 흘리면서 봉사의 손길을 위해 동분서주하는 그녀를 지켜보면서 언제나 해맑은 표정은 바로 스스로 남을 돕는 그 마음으로부터 흘러나오는 빛이었다. 결국은 남을 위해 늘 뛰어다니는 그녀의 삶이었다.

항상 주위를 뒤돌아보면서 기부의 손길을 뻗치고 있는 그녀를 바라보면서 내 마음은 늘 그녀에게 향하고 있었다. 화사한 웃음을 머금은 미인 얼굴의 그녀를 나는 아낀다. 마치 친 동생처럼 보살피고 싶어졌다. 오늘도 그녀를 위해 맛있는 찌개를 갖다 주고 싶어진다. 그런 여인을 알게 된 것도 내 소중한 인연의 끈이기에, 그녀를 위해 한편의 홀로서기를 남기고 싶어졌다.

 아마도 평생을 남을 위해 살아갈 그녀의 삶은 얼마나 값진 것이겠는가? 그녀와 엮어진 나의 주옥같은 일상들도 사랑하고 싶어졌다. 먼 훗날 그녀가 뿌려놓은 빈자리 앞에서... 되돌아보는 삶은 찬란하게 빛날 것이다. 지상에서 배고프고 추웠던 사람들의 영혼이 그녀의 쓸쓸한 빈자리를 훈풍으로 데울 것만 같아진다.

 외로운 그녀의 모습 위에 벙긋이 웃으면서 허기를 채우는 고마운 눈빛들이 교차되어 온다. 더불어 행복해지는 그녀의 모습이 다가온다. 홀로 노후를 보낼 때면 피붙이 하나 없음이 쓸쓸하겠지만 그 무수한 인맥의 온기로 주위는 분명 따사로울 것이리라......

 진정 보람되고 값지게 살아 왔던 그녀의 홀로서기 인생의 여로는 수많은 사람들의 온기와 더불어 행복으로 가득 채워져 있다는 확신 앞에서 고개 숙여 힘찬 격려의 박수를 보내고 싶다.

# 옛길 여행 문경새재

 여고 동창들과 떠나는 꿈에 부푼 가을 여행이다. 그 옛날 장원급제 과거 길에 나선 선비들이 넘던 고개가 바로 "문경새재"이다. 우리들은 백두대간의 중심 문경으로 향하는 일정표를 바라보면서 기대로 가득 찼다.
 제1관문에서 제3관문까지 약 2시간의 등반 산책과 함께 선인들의 자취와 수많은 유적의 길을 따라 탐방하면서, 옛날 석탄을 나르던 철길 위에서 직접 레일 바이크도 타보며, 또 석탄박물관과 영화 오픈 세트장도 관람하는 알찬 코스였다.
 처음 산을 오를 때는 잠깐 고개만 넘으면 되겠지 했는데 그건 착각이었다. 해발 천 미터가 넘는 주흘산과 마주보고 있는 조령산 사이로 산마루를 넘는 코스는 가도 가도 끝없이 펼쳐져 있다.
 조선시대 영남지방의 산물과 사람들이 오르내리던 중요한 길목이었다고 한다. 과거 길에 나선 선비들이 추풍령을 넘으면 추풍낙엽처럼 떨어지고, 죽령을 넘어가면 죽죽 미끄러진다고 해서 지명에 '기쁜 소식을 듣는다.'는 뜻이 담긴 이 고개를 넘어 한양으로 오르곤 했다고 전해진다.

한참을 오르다 땀에 흠뻑 옷이 젖었는데 산꼭대기부터는 쭈욱 하산하는 느낌으로 광활한 계곡의 물소리와 산바람에 서늘하여져 벗었던 옷을 도로 걸쳐 입었다. 과연 한국 관광 100선 중에 문경새재가 1위라니 정말 그러하였다.

왜냐면 한참을 오색단풍에 취해 거닐고 있었는데 마치 설악산 비선대같이 널따란 바위들이 수정 대리석을 다듬어 놓은 듯 하였으며, 계곡사이 흐르는 물은 과히 1급수를 자랑이라도 하듯이 투명하게 속살을 드러내며 반짝이고 있었다. 물빛은 너무도 맑고 투명하여서 두 손으로 퍼 마시고 싶을 정도였다.

특히 용추계곡은 아름다운 폭포아래 고인물들이 화강암 하얀 암반과 함께 비경을 연출하고 있었다. 더운 여름날은 수영장처럼 사람들이 즐겨 붐비는 곳이라고 한다.

문경시는 지역의 역사와 특성을 산길 곳곳에 쭈욱 설명도 잘 해 놓았으며 각종 박물관과 전시관도 만들어서 잘 담아 놓고 있었다. 그 옛날 은성광업소 폐광을 활용하여 그 당시 갱도를 체험할 수도 있었고, 마네킹으로 사람모습들과 똑같이 그때의 생활상을 잘 나타내고 있었음에 우리들은 정말 놀랐다.

1960년대 광부의 말씨들을 그대로 녹음을 하여 계속 들려주고 있었으며, 광부 아내의 푸념도 간드러지게 귀를 즐겁게 하고 있었다. 탄광촌 생활 속 푸줏간 모습과 담배 가게 모습과 과자점과 광부들의 목욕탕 그리고 두레박 우물 풍경, 갱내 양은 도시락 먹는 모습들 그 옛날 그대로의 상황 속에서 고되고 팍팍했던 광부들의 향수를 물씬 느낄 수가 있었던 것이다.

더욱 놀란 것은 광부들이 막걸리 한 잔으로 신세 한탄을 하는 방에서는 갑자기 한 광부의 오른 손이 막걸리 사발을 들이 키고 있음을 지켜보다가 너무 놀라서 한 발짝씩 뒤로 물러서면서 우리 모두는 한바탕 자지러지게 웃게 되었던 것이다.

20여 년 전 석탄을 실어 나르던 철로가 관광 자원으로 변모하여서 4명씩 자전거를 타듯이 힘차게 발을 돌려야만 달릴 수 있는 "문경 철로자전거" 즉 레일 바이크체험은 정말 잊을 수 없는 여고시절로 돌아가고 있었던 것이다. 다리가 아픈 친구는 뒷좌석에서 앞에 앉아서 운전사처럼 다리를 재빠르게 돌려야만 갈 수 있는 친구를 잘 보좌하면서 바퀴를 두 다리로 열심히 저어야만 했었다. 서로 서로 협력하여야 만하는 힘찬 협동심이 발동하였었다.

들길을 내려다보면서, 바람을 스쳐 지나면서, 마을을 가로지르면서, 아슬아슬한 물 위 철길을 열심히 굴려야만 했던 통쾌하고, 짜릿한 감흥의 순간을 만끽하였었다. 또 사극 영화 촬영지로 가은 오픈 세트장을 여러 곳에 설치해 놓았으니 우리들은 개봉된 사극 중 "천추태후"가 되어 얼굴을 쏙 내밀고서 사진도 찍고 있었다. 고구려와 신라시대의 성내 모습 그대로 재현되어 있는 거대한 촬영장도 둘러보게 되었으며, 촬영장으로 향하는 산속을 하늘에 매달려서 둥둥 타고 가는 모노레일은 마치 케이

블카 타는 느낌과 흡사하였다. 스쳐지나가는 문경의 백두대간을 통유리로 훑고 지나가는데 3시간 내내 거닐었던 고개는 일부에 불과하였으며 산림청 선정 4대 명산이 문경에 위치함도 알게 되었으니 단풍이 절정인 아름다운 비경의 주흘산, 황장산, 대야산, 희양산의 찬란함을 모노레일을 타고서라도 훑어보게 되었으니 감동적이었다.

하산하여 먹는 산채 비빔밥은 정말 문경의 신토불이 밥상이었다. 선조님들의 흔적들과 그때의 시간으로 돌아갈 수 있었던 거대하고 찬란한 우리의 유적지인 "문경새재"의 겨울은 어떠할까? 신록이 물드는 봄날은 어떠할까? 청록 잎새 흔들거리는 여름날의 계곡과 대리석 바위들과 섬섬옥수는 어떠할까? 계절마다 다시 찾고픈 문경새재가 되고 말았으니 그 광활한 산 속의 무궁무진한 속살들 때문이리라.

주렁주렁 매달린 문경사과와 오미자와 표고버섯과 한 굽이 오를 때마다 크고 작은 하천과 폭포들 수 백길 기이한 암벽들이 연이어 나타나던 곳 그리고 화강암석 사이에서 분출하는 알칼리성 문경온천관광지등 자랑거리가 무수히 많은 오색찬란했던 가을여행지 "문경새재"를 아마도 잊을 수가 없을 것 같다. 특히 한참을 내려오다가 우리들은 일제히 맨발로 걷기 시작하였는데 글쎄 맨발에 닿는 촉감이 너무도 신선하고 촉촉하게 전해졌다.

흙길을 밟으며 양손엔 신발 속 양발을 끼운 채 오순도순 흙의 속살을 밟으며 하산하는 문경새재 탐방이었다. 영원히 잊을 수 없는 여고시절 친구들과의 멋진 하루였다.

## 그대에게 가는 디딤돌

그대에게 가는 디딤돌로 향하고 있는 내 마음은 두근대기 시작하였다. 자연 환경이 숲속으로 연결되어 산길로 한 걸음 한걸음씩 디딤돌이 하염없이 연결된 교정은 숲이 울창하여서 자동차들의 소음도 빨아들이고 있었다. 수업시간에 새들이 노래하는 숲속은 온통 무슨 나무인지 그 끝이 보이지도 않았으며 산바람은 쾌청하여 울울창창 저 숲속으로 달려가고만 싶었다.

지난겨울 스산한 날씨일 때도 이 숲에 다다르다보면 발아래 디딤돌이 따스하게 나를 맞이하던 곳이다. 나의 진심을 전하는데 꽤 오랜 시간이 소요되었다. 그대는 그 자리에 말없이 서 있는데 나만 이렇게 현실처럼 꿈을 꾸는 것일까? 수많은 세월 속 흘러가버린 추억들인데 그 의미들이 지금까지도 내 마음 속 메아리로 남겨지고 있었다.

처음 보낸 그대의 엽서를 움켜쥐고 우두커니 그대 앞에 서서 이처럼 투명하게 미소 짓고 있는 낯선 내가 그 자리에 있었다. 숲속으로 향한 그 디딤돌 밟으면서 높푸른 저 하늘 바라보며 그대를 바라 볼 수 있는 순간이 별처럼 빛나는 것만 같았다.

그대를 생각는 매순간 뿜어져 나오는 투명한 이성은 내 흐트러진 삶을 바로 잡아 주었다. 더 밝고 맑게 하루하루를 살 수 있게만 해 주었다. 한 발자국 두 발자국 그대 향한 숲속의 디딤돌 위에서 하염없이 쭉쭉 뻗은 저 나무들처럼, 그대에게 보내는 나의 짙푸른 마음속에는 파아란 하늘이 있었고, 반짝이는 태양빛이 날 눈부시게 내리비추고만 있었다.

마음을 달래는 안식처의 산 빛 속에 떠오르는 두근거림의 디딤돌 위 그곳은 행복한 기다림이 있었다. 그 많은 세월이 흘러갔으나 쉽게 지워지지 않는 내 영혼의 디딤돌이었다. 그대는 아는가? 그대가 보낸 엽서 한 장의 여운들이 어떨 땐 꿈속에 자주 등장하여서 날 얼마나 당황케 하였는지를...

꿈속에 나타나서 현실처럼 내게 들려주던 "조개껍질 엮어 그녀의 목에 걸어 물가에 마주 앉아 밤 새 속삭이네..." 그대가 불러주던 트윈폴리오의 해변의 노래를 가끔씩 흥얼거리면서 나는 그때마다 삶을 재충전 하고 있었다. 스치기만 해도 인연이라는데 그토록 많은 세월 엮어진 꿈속의 꿈... 그대를 떠올리며 당황했던 기억들이 샘솟는다.

나는 오늘도 여전히 생생한 기억 속에 살아간다. 언젠가 하염없이 기다리던 날도 서글픔이 밀려왔지만 꾹 참았다. 내 마음속에서 지워지지 않는 추억의 잔해 때문에 조금의 원망도 하지 않았다. 꿈속에 자주 등장하는 그대는 아마도 내 가슴바다에 여전히 얼룩져 있기 때문이리라.

내가 살아가는 그 날까지... 자기 관리 잘하라고 위로해 주던 말들이 그대의 눈빛을 담고서 살아간다. 그대에게 가는 그 디딤돌 위에서 그대에게 들려주고 싶다.

쭉쭉 뻗은 저 숲 속을 향하여 나는 오늘도 그대를 부르고 싶다고...

# 서서히 볼 수 없다는 녹내장

몇 년 전 내가 그녀 집을 방문했을 때의 일이다. 거실로 들어서는 순간 탁자 위 재떨이에 담배꽁초가 수북하여서 지난 밤 손님접대 후 재떨이를 치우지 않았겠지 생각하였다. 잠시 후 그녀는 예사로 담배에 불을 붙이더니 피우고 있었다. 그럼 그 재떨이에 수북한 꽁초는 다 그녀가 태운 것이란 말인가?

남편이 한평생 바다를 떠도는 마도로스여서 적적해서인가? 아니면 소설의 구상이 떠오르지 않아서 한 번 두 번 피운 습관 때문에 담배를 끊을 수 없기 때문인가? 나는 안타까운 속내를 꾹 누르면서 그녀를 관찰하였다.

차 한 잔을 먹는 내내 새카맣게 되었을 그녀의 폐가 아른거려서 눈을 내리 깔면서 마음도 까라 앉아 있었다. 소설가라고 다 담배를 그토록 많이 태운단 말인가? 그녀의 남편도 그녀도 모두 대학동기인 나로서는 둘의 모습이 아른거려서 며칠을 잘 보낼 수가 없었던 일이 기억난다.

지난 봄 이기대 해변을 거닐면서 그녀는 "친구야! 나 녹내장이래... 서울유명병원 진단 결과 못 고친데..." "왜 녹내장이 걸리는데? 몰라 나도..." 쪽빛 해안선도 그 날은 녹색으로만 보였다. 녹내장은 눈동자가 전부녹색으로 되는 병인 줄만 알고 집에 와서 컴퓨터에 검색한 결과 무식에 몸 둘 바를 몰랐었다. 서서히 눈의 기능이 상실되어서 사물이 보이지 않게 된다는 것이었다.

도시를 떠나 좋은 공기 속에 이사 가서 살고 있는 그녀의 집 앞에는 오륜대 같은 호수가 반짝이고 있었으니... 복잡한 도심 속에 살고 있는 우리들의 마음을 사로잡았던 청정 보금자리였다.

고독을 달래면서 그토록 소설 쓰기를 즐기던 그녀의 눈망울이 초점을 잃게 된다니... 아니 서서히 보이지 않게 된다니... 대학 시절을 함께 보내었던 그녀이기에 내 마음은 이미 떨리고 두려워 오고 있었다. 안부 전화를 걸려고 해도 슬픔이 북받칠 그녀의 모습이 아른거려서 수화기를 만지작거린 일이 여러 번 반복되었었다.

그러면 애연가 생활이 오래되어 담배 연기가 눈동자에 스며서 점점 누적되어서 그런 병이 걸린단 말인가? 왜 하필 소설을 써야만 하는 그녀의 삶에 이런 운명이 다가 온다는 것인가? 열심히 책만 읽던 그녀의 남편이 떠오른다, 이제는 배도 타지 않는 나이가 되어서 아내의 수발을 들으면서 그렇게 힘든 삶을 살아가야한단 말인가?

나는 오늘도 그녀의 눈동자에 다가 온 녹내장을 이해하지 못하고 있다. 최신의 의술로도 못 고치며 서서히 실명하고 만다는 사실 앞에서... 그녀의 슬픔에 잠겨 있어야만 했다. 떨려서 그 해맑은 음성을 들으면 눈물이 왈칵 솟구칠 것만 같아서 전화도 문자도 치지 못하게 되었다. 그러는 그녀의 마음은 암흑이겠지... 그녀 자신이 처한 운명을 소설화하여서 "녹색전쟁"을 최근에 발표하다니... 나는 그 소설을 읽으면서 허구가 아닌 진실의 삶을 읽어 내려가면서 가슴은 마구 두근거리고 있었다. 백내장은 수술로 완치할 수가 있는데 왜! 녹내장은 수술이 불가능한지...

나는 언제 큰 용기를 가지고 우정에 찬 그녀의 위로가 될 수 있을까? 이제 자식들도 짝을 찾아 갔으니 남편과 편히 보낼 텐 데 말이다. 남들이 부부와 한 30년 살았다면 그 마도로스 남편과의 삶은 채 10년도 못 살았지 않았느냐? 서서히 앞을 볼 수 없다면 진작에 배를 타지 말고 그녀 곁에서 오순도순 살아 갈 것인데...

의사선생님의 지시대로 벌써 금연도 시행하였을 테지... 그 마음씨 착한 그녀의 눈동자를 치유할 수 있도록 진심어린 기도를 올려야겠다.

오늘도 그녀를 위해 성전에 엎드려서 기도를 바치고 싶다.

## 깻잎지 사랑

 손주들에게 어떻게 하면 깻잎을 즐겨 먹도록 할 수 있을까? 고심하던 중에 나 스스로 짜지 않고 맵지 않고 삼삼하고 좀 달게 김치처럼 내내 먹이게 하는 방법이 없을까? 생각하다가 열심히 개발한 기호식품이 되겠다.
 이제는 어른들도 그 삼삼한 깻잎지를 즐겨먹고 있으며 형제들과 이웃들에게 특미의 깻잎지를 나누게 되었다. 그 맛에 반한 어느 지인은 되로 주고 말로 받는 인정을 내게 베풀고 있으니 저절로 깻잎지 만드는 일에 정성을 쏟게 되었다.
 삼삼한 묘한 맛이 되기까지는 여러 번의 시행착오도 많았었다. 텃밭에서 따오든지 시장에서 여러 묶음씩 사오든지 아무튼 깻잎을 한 장씩 풀어 헤쳐 놓고 깨끗이 씻는 일이 제일 중요하다.
 깻잎의 뒷면은 보라색을 띠고 있는데 털이 보송보송 나 있다. 그 틈새로 작은 애벌레들이 숨어 있으므로 흐르는 물에 서 너 번을 깨끗이 씻은 후 마지막에는 한 장씩 한 장씩 뒷면을 비벼가며 씻어서 차곡차곡 소쿠리에 세로로 쌓아가며 하루 밤 물을 쭉 빠지게 해야 한다.

아침까지 물이 다 빠진 깻잎들을 차곡차곡 항아리에 담아 놓고 납작한 몽돌을 소독한 후 눌러 둔다. 그런 후 냄비에 물을 반쯤 붓고서 진간장, 국간장, 까나리 액젓, 현미식초, 표고버섯, 다시마, 멸치, 말린 홍합, 건새우를 넣고 끓인 후에 불을 끄고서 매실 엑기스를 한 컵 넣는다. 새콤 달콤 구수한 맛이 용해되어서 따뜻할 때 그 쌓아둔 깻잎 항아리에 채를 바쳐서 조심조심 쏟아 붓는다.

몇 년 전 여름날의 일이 떠오른다. 깻잎 항아리를 김치 냉장고에 바로 넣지 않고 식으면 넣어야지 했다가 모르고 외출하여 늦은 밤에 와서 뚜껑을 열어 보았더니 누우렇게 익어서 깻잎은 삭아 있었다. 높은 여름날의 온도 때문에 몽땅 다 못 먹게 된 그 날의 속상함은 아마도 체험하지 않고서는 모르리라... 그 날 이후로는 냉장고에 바로 넣지 않고 외출하는 실수를 절대로 하지 않게 되었다.

김치 냉장고 속에서 김치처럼 5일을 숙성한 후 깻잎만을 건져 낸다. 그런 후 그 보양 엑기스 원액을 다시 팔팔 끓인 후 냄비채로 따뜻할 정도까지만 식힌 후 도로 그 깻잎 위에다 조심스레 쏟아 붓는다. 그런 후 일주일 정도 지나서 중간부분 쯤의 깻잎부터 꺼내서 먹으면 된다.

밥상 위의 손들은 그 삼삼한 깻잎에 자꾸만 부딪히고 있으니 나의 마음은 기쁨으로 가득해진다. 3학년 큰 손자가 즐겨 먹으니 유치원 동생이 따라서 먹고 어린이집 세 살 손자도 먹기 시작하였다. 처음엔 김처럼 밥에만 싸먹더니 나중에는 누가 가르쳐 주지 않아도 수육도 싸먹고 오리 훈제도 싸먹고 있으니 마치 김을 즐겨 싸먹듯이 즐거운 풍경이 날 기쁘게 하고 있었다.

깻잎지가 김의 역할을 하면서 아이들 스스로 꽁지를 찾아 한 장씩 떼내어 즐겨 먹는 모습을 바라보는 나 자신은 행복감으로 가득해져 힘든 씻는 과정과 만드는 수고를 다 잊게 하는 것 같았다.

한 10년 전 반송 넘어 고촌을 지나 안평마을을 물어물어 찾아갔던 일이 떠오른다. 남편과 나는 그 안평마을 고지대 들판에서 한 백 평 텃밭을 가꾸었었다. 남편이 바빠서 날 데려다 주지 않았던 뜨거운 여름 날 나는 버스와 지하철을 갈아타고서 야채에 개울물을 호스로 연결하여 물을 흠뻑 주러 가야만 했었다.

주말 농장을 한 주 걸렀던 날 애써 키운 농작물이 아른 거려 집에만 있을 수 가 없었다. 상추도 깻잎도 오이도 방울토마토도 물을 주고 있는 주인님에게 고마운 눈인사를 보내는 것만 같았다. 그 날 나의 마음은 가뭄을 적셔주는 단비였었다.

산 전체가 주인인 어느 한의사님의 산 속 들판은 당귀니, 작약이니, 더덕이니, 수많은 한약 재료들의 보고였었다. 나는 난생처음으로 작약이라는 한방 보약의 꽃을 보게 되었는데 그 우아한 아름다움에 매료되고 말았다. 들판 켜켜이 꽃들이 만발하고 있었으며 왕벚꽃 나무의 꽃들도 그처럼 큰 송이 인가도 난생처음 지켜보았었다.

맨 아래 들판에는 깻잎을 닮은 보라색 들깨 잎들이 무성하게 자랐는데 그것은 "차조기"라는 한방재료였으며 음식의 색을 보라색으로 낸다는 사실도 알게 되었다. 도시에서 태어나서 난생처음 해보는 농부의 체험은 평생 소중한 기억으로 남고 있었다. 무릎을 꿇고서 흙과의 입맞춤을 해 보았으며, 채반으로 흙을 쳐서 굵은 돌을 던져 내고 소중한 흙을 비축하였던 일이 내가 맨 처음 경험한 농부의 손이었다.

옥수수 농사는 또 얼마나 정성이 깃들었는지 아는가? 구멍을 쭈욱 파 놓고서 그 구멍마다 옥수수 알갱이 하나하나씩을 넣고 살짝 흙을 채워 놓던 일은 또 얼마나 구슬땀이 났던 일이었으며 온종일 두 무릎을 꿇고서 하늘 아래 깊은 산 속에서 나만의 단련에 빠져서 겸허해 지던 노동의 삶을 체험해보지 않았던가?

가까이 텃밭이 있었다면 아마도 관두지 않고 계속 했을 텐데, 너무 먼 거리라 오고 가기가 힘들어 일 년 만에 접고 말았지만 내게는 너무나 소중한 생명의 실습이었다. 삼삼한 깻잎지를 5년 동안 담그면서 나는 안평마을 그 텃밭의 깻잎이 자꾸만 떠올라서 마치 내가 직접 기른 그 살랑대며 날 보고 웃던 그 깻잎처럼 소중히 하나하나 진미로 만들고 있었던 것이다.

이제는 여러 지인들이 반한 그 삼삼한 깻잎지를 만드는 비법을 친구들에게 전수하고 있다. 몸이 아픈 지인들의 입맛을 돋우기 위해서, 손자들의 구미를 당기기 위해서 나는 열심히 정말로 열심히 살아가야만 했다.

오늘도 그들에게 잘 숙성된 사랑의 깻잎지를 싸들고 다가가고 있다.

바로 옆집과 이웃들에게도 나누는 그 기쁨은 나에게 온기로 다가오고 있다. 다 먹기 전에 얼른 깻잎을 구입하러 가야한다. 숙성기간이 열흘정도 걸리니 말이다.

　희망찬 부산지하철 4호선에 기대어서 여전히 반여 농산물시장으로 발길을 재촉하고 있다. 저녁 어스름 행복한 깻잎의 수채화가 그려지고 있었다.

5부 배려

## 허브 오카리나

가만히 눈감고 엿듣는다
가만히 눈뜨고 웃는다
소중히 가슴에 떠받들며
네 목소리에 촉각을 세운다
오늘도 그대에게 닿고 싶다
네 입술에 내 입술을 포개고
손가락들은 각자의 위치에 선다
바르르 꽃잎 떨어지는 소리
내 사색은 홀연 숲속이다
황령산 휘파람새
날 언제 찾아왔는지
아름다움 투성이 내 품안에 있다
숨죽여 날 다독이는 촉감
내 안의 혼과 접목되는 순간
임이 그리워 우지 지는 소리
그대 짐작이나 할까
투루투쿠 투루투쿠 피리리리
둥둥 작은 거위 호수 위를 더가듯
내일의 꿈과 희망을 향하여
오카리나에 실려서 간다
나는 너를 통해 숨은 세상을 본다

## 소금꽃

신안 천일염 한 포대를 택배로 선물 받은 적이 있다. 자루를 가위로 자르는 순간 눈이 부시도록 뽀오얀 결정체들이 웅크리고 있어서 너무 놀라 탄성을 질렀었다. 굵은 소금은 원래 잿빛이 아니더냐? 소금 일갱이들이 하이얗게 빛나고만 있었으니 나는 그토록 귀한 소금을 한 톨도 허투루 쓰지 않았다.

바닷물과 태양과 바람의 삼박자만으로는 어림도 없다는 사실을 염부들의 작업현장을 생생하게 지켜보면서 알게 되었다. 한 톨의 천일염을 만들기까지는 이른 새벽부터 정오가 되기까지 한시도 쉬지 않고 계속해서 작업을 반복 해야만 된다는 사실을 극한직업 다큐에서 눈여겨 시청하게 되었다.

정오가 되면 더우니까, 새벽부터 일을 하여야만 한다. 어마어마한 넓이의 염전 밭을 단 두 세 명의 염부들이 다해나가고 있었다. 나무로 만든 대파질로 왔다가 갔다가 수백 번 수천 번 반복해서 밀대처럼 밀어서 고루 펴내는 작업의 연속이었다.

태양 아래 한참의 시간이 흐른 후의 염전 밭은 뽀오얗게 반짝이는 소금알갱이들이 그물막을 형성하는데 그것을 소금꽃이라고 하였다. 난생 처음 넓은 염전 밭에서 뽀오얀 그물막으로 소금꽃이 송송 피어나는 광경을 생생히 지켜보게 되었다.

일일이 염부들이 대파질로 그 소금꽃을 걷어내지 않으면 실로 좋은 천일염을 얻을 수가 없다고 한다. 그토록 고된 염부들의 헌신과 희생이 없이는 만들어질 수 없는 천일염을 우리들은 쉬이 한 톨도 낭비하지 말아야겠다.

우리들이 이토록 귀한 천일염을 먹기 까지는 근 보름간의 담금질이 계속되어야만 한다는 사실도 알게 되었다. 긴 자루에 육신이 매달려서 오직 팔의 힘에 평평하게 밀면서 소금 알갱이들을 폈다가 밀었다가 또 폈다가 하면서 정성과 땀과 육체의 혹사와 염부들의 끈질긴 인내심이 없이는 도저히 귀한 천일염의 수확이 불가능하다는 사실도 깨달았다.

그 소금꽃을 말끔히 걷어내어야만 귀한 천일염을 얻을 수 있기 때문이다. 그러한 담금질을 근 보름동안이나 계속해야만 우리들의 소중한 먹을거리의 기본인 그 천일염을 구할 수 있는 것이다. 뜨거운 정오가 되기까지 한시도 빼먹지 않고 반복되는 대파질은 실로 피나는 헌신과 인내를 요한다.

나는 새벽에 일어나서 먼저 넓은 후라이팬을 달구어서 천일염 한바가지를 나무주걱으로 볶고 또 볶아서 옅은 갈색의 볶은 천일염을 만들고 있다. 백화점에 가면 제일 위 칸에 진열되어 비싼 가격의 그 볶은 천일염을 직접 만들어 먹게 되었다.

   평생을 몸 바쳐 헌신한 그 염부들의 노고와 인내심을 떠올리면서 귀한 소금을 한 톨도 흘리지 않고서 가스 불 앞에서 볶고 또 볶으면서 병에 담아 보관하고 있다. 지인들에게 내가 직접 구워 만든 볶은 천일염을 선물 하던 날 나는 무어라 표현 할 수 없는 감동의 물결에 흠뻑 젖어 있었다.
   볶다가 가스 불을 끄고 뚜껑을 잠시 닫고 하던 어느 날 유리 뚜껑 위에서 박쥐처럼 매달린 소금의 이슬방울들과 딱 마주쳤다. 그 천일염을 만들기까지 까만 염부들의 피와 땀에 얼룩진 수많은 천일염의 눈물들이라고 느꼈다.
   유리뚜껑 천장에 딱 붙어서 아롱져 매달려있는 소금의 증기인 청정의 영롱한 이슬방울들을 지켜보던 그 순간에 나는 소금도 마치 인간들처럼 우는 것만 같았다.
   하이얀 그물막을 한없이 펼치면서 염전 밭 위에서 햇볕에 반사되면서 몽글몽글 피어나고 있었던 그 하얀 소금꽃의 출현은 진정 눈부신 보석 꽃이었다.
   온통 염전 밭을 뽀얗게 뒤덮어서 오직 좋은 천일염만을 제공해 주는 그물막을 형성하고 있었다. 소금꽃 바로 아래의 귀중한 천일염을 잉태하기 위해서 맡은 바 역할을 그토록 튼실히 하고 있음을 지켜보았던 것이다.
   우리나라 청정해안의 천일염은 칼슘과 철분의 보고로서 세계에서도 그 성능이 특히 우수하다고 하니 정말 가슴이 뿌듯해져 온다.

바닷물과 햇볕과 바람과 염부들의 땀과 피가 빚어낸 천일염은 그렇게 만들어져서 우리 곁에 다가온 것이다. 우리들은 한 톨이라도 아껴서 먹어야만 한다.

　수백 번 수천 번의 담금질로서 만들어지는 염전 밭 염부들의 끝없는 노고를 상상해 보면서 말이다.

## 어느 미용실을 찾아

나는 꼭 그 미용실을 찾아가기로 마음먹었다. 동창회 날마다 한 친구의 머리는 방금 미용실을 다녀 온 듯 아주 예쁘고 자연스러운 파마였기 때문이다.

유심히 몇 번을 지켜본 나는 어느 미용실에서 했느냐고 묻게 되었다. 몇 번을 물어보니까 적으라고 했다. 소중히 수첩에 적어 놓고서 또 몇 개월이 지났다. 그러던 어느 날 나는 후배와 함께 한참동안 그 이름난 미용실을 찾아 나서게 되었다.

옛날 기차가 지나다니던 범일동 철길도 없어지고, 터널 아래를 지나 좌천동 가구 거리로 향하였다. 한참을 헤매다 가구점 한 곳에 들러서 "이 동네 유명한 미용실을 아세요."라며 물었다. 가구점 남자 사장님은 대뜸 "아! 거기 할머니들이 많이 가는 곳이죠?"라면서 저기 옛 삼성극장 앞 신호대만 건너면 바로 찻길에 있는 2층 미용실이라고 친절히 가르쳐 주셨다. 20년 동안 한 자리에서 최상의 서비스로 손님들을 모셨으니 익히 남자 분들도 아시고 계셨다.

다 낡은 허술한 건물의 가파른 계단을 나는 후배와 함께 올라갔다. 미용실 문을 미는 순간 너무 놀라서 입을 다물지 못하였다. 왜냐면 의자에 쭈욱 앉아서 기다리는 여인들이 한 30여명이나 대기하고 있었기 때문이었다. 처음에는 유명병원에서 순서를 기다리는 환자들만 같은 착각이 스쳤다.

우두커니 카운터에 서서 번호 순서대로 45번에 내 이름을 적고 후배는 46번에 이름을 적었더니 까만 팔찌를 주었는데 그것은 무슨 파마를 했느냐는 가격 표시 팔찌였다. 즉 나갈 때 얼마짜리 파마를 했느냐는 알기 쉽도록 만든 증표였다.

그런 후 우리 둘은 미용실 가운으로 갈아입었는데 운이 좋게도 머리를 곧 할 수 있는 순서가 되었다. 왜냐면 이미 오전에 100명이 다녀갔으며, 오후에 거의 다하고 동시에 빠져나갔기 때문에 후배와 나는 그 틈에 갔던 것이었다. 그때 시각은 오후 4시가 조금 지나서였다.

그렇게 후배와 나는 머나먼 파마의 행진에 참여하고 있었다. 한 시간이 지나자 중화제를 바르러 안으로 돌아들어 갔는데 그 곳에도 대기조가 7명이나 있었다. 샴푸실 아줌마 직원은 하루 온종일 100명이 훨씬 넘는 여인들의 머리를 감겨 주고만 있었다.

중화제를 바른 후 한 20분 뒤 깨끗이 온수에 머리를 헹군 뒤 나란히 거울 앞에 앉았다. 마지막 예쁘게 고르는 작업은 미용실 원장님이 직접 다 다듬어 주고 마무리 해 주고 있었다.

거울에 비친 나는 짧은 스타일이고 후배는 어깨 위 찰랑대는 조금 긴 스타일로 우아한 여인으로 변신하는 순간이 왔다. 만족스러운 표정으로 앉아 있는데 나의 의식은 순간 한 송이 모란의 개화처럼 화악 피어나고 있었다.

두 시간 정도 있었어도 독한 파마약 냄새가 전혀 나지 않았다. 그리고 10명의 미용사들은 원장님과 함께 혼연일치가 되어 지시대로 재빠르게 손놀림을 하고 있었으며 용케도 온 순서대로의 손님을 차례차례 의자에 앉히고 있었다. 건물은 20년 넘은 노령이었으나 미용사들은 민첩하게 움직이는 최신형 미용실의 흐름이었다. 착착 손발이 맞는 한 공장의 제품을 만들어내는 상승된 분위기에 압도 되었다.

좋은 제품으로 친절한 서비스로 누구보다 열심히 살아가고 있는 어느 미용실의 풍경 속에서 나는 풍요의 다단계를 느낄 수가 있었다. 저 멀리 하동에서도, 마산에서도, 오는 손님도 있고 한 번 온 손님은 다시 올 때면 꼭 친구들을 한두 명씩 데리고 온다니 제품을 권유하는 다단계회사를 떠올리게 되었다.

원장님은 젊은 나이로 보인다. 20대 청춘시절 기술을 연마해서 지금 이 자리에서 20년 동안 미용실을 운영하였다고 한다. 좋은 약으로 머리를 하는 미용사들도 머리를 내맡기는 손님들도 다 너무 평온 자세 그대로 거울을 보며 앉아 있었다. 뚝딱뚝딱 요리사가 일류 음식을 만들어내듯 현란한 그녀들의 미용 솜씨에 난 매료되고 말았다.

좋은 약으로 한다면서 고가의 파마 비를 내어야했던 사람들은 단돈 1만 5,000원으로 최상의 서비스를 받고 있었다. 나도 후배도 그 맛깔난 손의

동작들에 맡겨져서 한 시간 반 만에 깔끔하고 우아한 모습이 되었다. 마음에 쏙 들게 마지막 손질로 일류의 머리 모양새를 하고서 고맙다는 인사와 함께 총총히 계단을 내려가는 손님들 속에 후배와 나도 끼어 있었다.
"선배! 난생처음 이리 싼 곳에서 머리를 했어요. 맘에 들어요. 선배도 예뻐요."라면서 환하게 웃고 있었고 나를 보며 멋있다고 하니 나도 벙긋이 기분이 좋았다.

나란히 지하철로 향하는 우리 둘의 하늘 위에는 서서히 황혼으로 물드는 저녁놀이 앞날을 축복해 주는 것만 같았다.

손에 손을 잡고서 저녁놀 마주하며 두 시인은 우정을 감싸면서 온몸으로 웃고 있었다.

# 수국의 가르침

내가 수국을 자세히 바라 본지는 오래되지 않았다. 젊은 날은 어찌 수국을 바라보지 않았는지? 몇 해 전 숲속으로 이사를 와서 누가 심어 놓았는지 마을의 산자락에서 함초롬히 피어있는 수국들의 행렬을 바라보게 되었다.

그 순간에 나는 가던 발길을 멈추고 말았다. 정원에 핀 탐스런 모란 송이가 하도 함지박 눈웃음으로 날 끌어안았던 추억을 간직하고 있었기에, 출렁출렁 마치 수평선 쪽빛 이야기를 내게 속살거리는 것만 같아서 주저앉고 말았다.

누가 심어 놓은 정원의 바다인가? 눈부신 푸른 희열 때문에 나의 발길 내내 묶어두더니... 가는 발길마저도 희망차게 굴러가게 하고 있었다.

수국의 꽃말은 무엇일까? 수국은 내게 속삭이고 있었다. 제발 날 잊지 말아 달라고... 자꾸만 내게 손사래치고 있었다. 집을 나서는 발길도 머물다 가라고... 집으로 돌아오는 발길도 머물다 가라고... 마치 애인처럼 투정을 하고만 있었다. 어디 하루 이틀이야 말이지...

산자락을 물들인 그 수국들의 향연을 쳐다보기 위하여 초여름 매일매일 산책을 하였으니, 내 몸과 마음은 싱싱해 지는 것만 같았다. 그러던 어느 날의 귀갓길이다. 푸른 바다를 연상시켰던 수국들이 동시에 포르스름하게 변해가는 자태를 지켜보았다. 그러더니 하루는 동시에 불그스름하게 되더니 서서히 곰삭은 진달래 빛의 모습으로 변해가고 있었다. 아! 며칠 후면 잎들이 서서히 떨어지겠구나... 하면서 아쉬운 마음을 달래었다.

여름 날 비바람이 누차 지나간 다음 날, 내 눈 속으로 비쳐진 수국은 고요히 꼼짝달싹 쥐 죽은 듯이 온 육신을 서로 꽉 움켜잡고 있는 정지된 광경을 바라보는 순간 나는 또 놀라고 말았다. 왜냐면 수국의 꽃잎도 꽃송이도 하나도 떨어져 있지 않았으니까 말이다.

"쉬이 쉬! 떠들지 말거래이." 꼬마들 노는 소리에 꽃잎 하나라도 흩어질세라... 꽃송이 툭 떨어질세라... 지켜보는 내 발걸음의 향방은 조심스럽기만 했었다. 오늘도 눈에 밟히는 내 이명의 황야에서 궁금증이 밀려오고 있었다.

이럭저럭 아무런 거동도 없이 서로 꽉 부둥켜안고서 초가을 저녁 어스름 산책길이었다. 그리고 초겨울 설렁한 바람 부는 날이었다. 나의 관찰일기는 마치 현미경처럼 수국들을 지켜보고만 있었다.

그 꽃잎 그대로 단풍이 물들었고, 그 꽃 뭉치 그대로 다 곰삭을 때까지 헤어지지 않는구나... 꽃이 시들면 다 지는 게 아닌가? 수국아! 너희 형제애를 배우는구나...

붉은 청춘 황홀하던 오동도의 동백꽃도 붉은 영혼 가지런히 포개면서 온통 주위에 떨어져서는 땅으로의 회귀를 준비하며 붉은 비단을 지천에 뿌려 놓았었는데...

너희는 왜 어이하여 세상의 미련을 떨치지 못하고서 추운 겨울인데도 아직도 낙화하는 황혼을 섣불리 걸치지 못하는 것이냐? 아마도 꽉 품은 그 자세 그대로 나뭇가지에 겨울채비를 하는가보지?

어떠한 비바람에도 다 끄떡 않고 그대로 저물고 있으니 너희 수국에게서 억센 끈기를 배운다. 뭉치면 헤어지지 않는 품속의 사랑을 배운다.

아해야! 한 떨기 수국 꽃의 향연을 위해 내년 봄이 오면 뜰 안채에 수국 한 그루 심어두지 않으려느냐?

## 산도 운다

기장의 봉대산을 마주보고 있는 보금자리에 살고 있다. 아파트에 살면서도 마치 전원주택에 사는 것과 같다. 앞산의 숲이 울창하다보니 아침 저녁 아니 사시사철 산새의 흐름을 관찰할 수가 있다.

전혀 미동도 없는 산 같지만, 창문을 활짝 열면 청초한 산은 바로 눈앞에서 우수수 세월의 급행열차를 저토록 분주하게 휘날리는 줄 모르고 살았었다. 하늘 향해 쭉쭉 뻗은 짙푸른 소나무 숲들 사이사이로 무리지어 살랑대는 숲의 향연을 지켜본다. 태양은 온통 내리비치는데 산바람은 살살 스치우고 새소리는 연이어 운을 띄우며 청아한 울음소릴 그치질 않는구나.

뻐국 뻐꾸기 추임새 놓으면 삐약 삐약 산새들 온산에 스며들어, 산바람 지휘봉 흔들어 가면서 삼라만상에 수신을 보내고 있었다. 가만히 지켜보면서 스치는 생각 속에 미루고 미루다 떠나버린 미련들이 끊임없이 부지런히 날 손짓하고 있었다. 여름 산처럼 살아가야겠다. 뚜벅뚜벅 내 발걸음의 향방이 어느새 친구를 찾아가게 하고 있었다.

어떨 땐 푸드득 새들의 흐름도 지켜본다. 새벽의 여명이 밝기도 전에 새들의 합창이 잠을 깨운다. 뻐꾸기 울음소리가 신호를 보내면 연이어 새들이 목청을 뽐내고 있다. 여름날이라 창문을 열고 자니까 더 선명하게 새들이 우지지고 있다. 여름날 귀뚜라미와 풀벌레들의 울음소리가 진을 치고 있는데다 온갖 새들의 여운 속에서 잠이 든다.

어느 날 심한 바람 때문에 산을 두리번거리게 되었는데, 저 산기슭 나무들이 말갈기 후리치며 달려오는 바람 바람 때문에 몸서리치고 있었다. 온 산을 훑어가면서 온 나무들의 사지를 찢고 있었다. 산천초목 상하좌우로 몽땅 혼쭐을 빼 놓는다.

마치 신령을 품은 무당의 춤사위로 전령을 품고 말 달리고 있었다. 나태한 세상사 탈탈 털어버린다. 못 잡아먹어 안달이 난 사람들에게 조소를 화악 퍼 부우면서, 잎새들 낙엽처럼 휘리릭 날려 보낸다. 나의 시력은 포위망을 구축한 채 투망을 던지는데, 산등을 타고 울부짖는 아우성을 듣는다. 미친바람 앞에 나무들은 무릎을 꿇는다.   바람도 운다. 산도 운다. 분노 앞에 맥 못 추는 우정도 운다. 난생 처음 바라보는 거센 바람을 타고서, 언뜻 성악가의 꿈을 펼치지도 못한 사촌 언니의 꽃상여가 스쳐 간다. 홀연히 떠나버린 청춘의 야속함 때문에 씻지 못하고 잊지 못하고 잊혀 지지 않는 얼룩진 슬픔이 흩날리고 있었다.

저 미친바람 속으로... 내 눈앞에서 사랑하는 사람들 자취도 없이 사라져 버린 안개 자욱한 고해의 바다가 펼쳐지고 있었다. 겨울 산에 흉년이

들었을 때도 바싹 마른 겨울나무 가지들 미동이 없는데도, 자꾸만 눈이 가던 날 바람 한 점 없는 고요한 정적이었다. 새들은 모조리 다 어디를 갔는지... 헐벗은 나뭇가지들 서로 엉클어져서 하늘아래 솜털을 흩날리는데 건조주의보 사이로 겨울비가 내렸다. 메마른 산은 머리부터 발끝까지 젖줄을 내려 반가운 눈물로 산밭을 온통 흠뻑 적시고 있었다.

어느 날 유난히 우지 지던 한 마리 새소리 때문에 새벽잠을 설치게 되었다. 의식과 무의식의 한계를 넘나드는 새소리의 장단 속에서 연이어 서글프게 우는 어떤 새의 울부짖음을 나는 감지하였다. 울창한 숲속을 고공하는 산울림이었다. 산바람타고 창공을 휘젓는 소리를 들어보았는가? 숲속으로 스며들어 고공하는 어느 새의 구슬픈 울음소리 때문에 서글픈 새들의 서정으로 날밤을 뒤척이기도 한다. 어쩌면 임이 그리워서 연연하는 소리인지? 고독을 달래려 한숨 쉬는 소리인지? 자식을 떠나보낸 아픔인지? 허기에 지친 서글픔인지? 깜깜한 한 밤에 우지지는 신음 소리를 듣게 되었다. 문득 새들도 잠 못 이루는 밤이 있다는 사실을 깨닫는 순간, 나는 벌떡 일어나 앉아 펜을 들고 말았다.

울려 퍼지는 한 떨기 애달픔에 위로의 엽서라도 한 장 띄우려는지... 잠 못 이루는 저 새가 삼라만상에 수신을 보내듯이 말이다. 오솔길을 가로지르며 창공에 흩날리는 이명의 나부낌 같았다. 어스름 창가에 걸쳐 앉아서 칠흑의 산을 올려다보았던 날처럼, 그리운 사람을 만나는 그 날을 꿈꾸다 잠이 들려는지...

꿈속의 꿈을 쫓아 새들과 함께 날밤을 지새우려는지...

## 허브 오카리나

오카리나를 불면서 나 자신을 찾는다. 몇 년 동안 오카리나를 배우려고 일주일에 한 번씩 쫓아다녔다. 그러던 어느 날 우연히 허브 오카리나 연주를 듣게 되었으며, 그 여인들과 만나고 상생하게 되었다.

재송동 주민자치센터 지하 교실에서 오카리나를 배운지도 근 10년 세월이 흘렀다는 그녀들의 솜씨는 달달 외워서 부르는 음악가들 같았다.

내가 오카리나를 처음 배우게 된 것은 대학 동창인 소설가 친구로부터 걸려온 한통의 전화 때문이었다. "시인이 오카리나를 모르면 되겠니?"라는데 그 수화기를 통해서 흘러나온 오묘한 선율은 마치 새들의 노랫소리 같았다

오카리나에서 흘러나오는 소리에는 새들이 지저귀는 선율이 있고, 은유의 숲속이 있었기에 나는 자꾸만 배우고 싶어졌다. 작은 거위 형상의 오카리나는 도자기를 구워서 만들었기에 살살 다루지 않으면 깨어지기가

일쑤였다. 그래서 소중하게 천에 싸서 도톰한 가방에 3개를 넣고 다녔다.

큰 오카리나는 일반적인 굵은 소리를 내고, 중간 것은 조금 높은 소리를, 제일 작은 것은 아주 빠른 곡을 연주할 때 사용되었다. 폭 가슴에 품고서 손가락 하나하나씩 음을 익히며 자리를 익히며 감각을 아는 데는 근 3년의 세월을 보냈다.

맨 처음에는 물어물어 어디서 가르치는지 알기에 애를 먹었다. 기장 시골에서 반여동 주민자치센터까지 근 한 시간도 넘게 소요되었다. 그래도 기초부터 열심히 익히고 또 익혔다. 비록 월요일 마다 한 두 시간씩 배우는 오카리나는 마치 새들의 합창만 같아서 나를 유혹하기에 충분하였다.

또 신세계 백화점 문화센터에서 훌륭한 선생님을 모시고 근 6개월 동안 정말로 열심히 배우면서 반복 학습을 하였었다. 맨 처음에는 손주들 앞에서 산토끼와 나비야와 학교종이 땡땡땡 정도만 배우려고 했는데, 배우면 배울수록 점점 더 어려운 곡조에 따라가고 싶어졌다.

재송동에서 근 10년 세월동안 음악으로 봉사활동을 해온 허브오카리나 그녀들이 존경스러워졌다. 꾸준히 열심히 실력들을 쌓아가고 있는 허브 오카리나 그녀들을 만나게 된 것은 나에겐 큰 행운이었다.

만남과 소통과 상생과 나눔이라는 단어들이 뇌리를 스치면서, 나는 허브오카리나 그녀들과 나란히 연주하고픈 욕망이 꿈틀거리고 있었다. 수요일은 선생님께 오카리나 신곡들을 배웠고, 금요일이면 그녀들과 배운 것을 복습하고 또 복습하면서 우정과 정을 쌓으면서 친해졌다.

나 자신도 모르게 내가 제일 잘하는 신토불이 꿀맛 같은 밥상을 보온

통과 찬기에 담기 시작하였다. 더운 여름날 땀을 흘리며 무거웠어도 그녀들을 위해 기꺼이 봉사하고 싶어졌다. 멍게 비빔밥도 함께 먹었으며, 토장국도 열 가지가 넘는 재료를 넣어서 구수하고 영양만점으로 만들었고, 밭에서 직접 뽑은 상치와 열무 물김치도 배와 복숭아와 딸기 수박도 넣어 눈 맛으로 그녀들을 유혹하고 싶었다.

그녀들은 진정 우정을 베푸는 나에게 하나 둘씩 오카리나 기법을 가르쳐주고 있었다. 그냥 입으로만 부는 것이 아니라 혼을 다 쏟아서 마음으로 불어라고 가르쳐 주었다. 서서히 그녀들의 특색을 거의 전수받고 있었던 것이었다.

아리랑을 부는 큰 언니는 오카리나 곡속에 자신의 영혼을 쏟아 부우면서 내 앞에서 연주를 해 보이며 나보고도 영혼이 담긴 연주를 해야 한다고 가르쳐 주었다.

손가락 하나하나 오카리나 구멍을 어떻게 오르내려야 하며, 호흡은? 그리고 입술은? 자세는? 10년의 노하우를 내게 쏟아 붓고 있었으니 상생의 효과는 날 더욱 더 열심히 살게 하고만 있었다.

아무리 무거운 밥상을 짊어져도 나의 발걸음은 신바람에 나르고 있었다. 그녀들이 맛있게 먹는 모습이 자꾸만 생각이 나 행복감이 밀려오고 있었다. 10년 동안 오순도순 모여앉아 열심히 오카리나를 부르고 있는 그녀들은 너무나 영리하고 아름답게만 보였었다.

정말 소박한 밥상을 되로 주고 천재적인 음감의 기법을 말로 받았지 않았느냐? 언제나 허브 오카리나를 잊지 못하여 한 줌의 시가 저절로 잉태되고 있었다.

  네 목소리에 촉각을 세운다. 나는 너를 통해 세상을 듣는다. 바르르르 꽃잎 떨구는 소리 투투투투, 투쿠투쿠 혀로 숨을 굴리면서 소중히 오카리나를 떠받들며 가슴에 꼭 품어 안고서 피리를 분다. 오카리나 네 입술에 내 입술을 갖다 댄다. 살며시 볼 수 없는 저 먼 세상이 보인다. 내 사색은 둥둥 홀연 숲속이다. 황령산 휘파람새 날 언제 찾아왔는지… 가만히 눈을 감고 엿듣는다. 가만히 눈을 뜨고 웃는다. 아름다움 투성이 그대 목소리 내 품안에 있다.

  화음의 도자기에 나를 싣고서 그대에게 닿고 싶다. 가쁜 숨결이 쉬어가는 세상… 임의 거친 숨결이 내 안의 혼과 접목되더니 숨죽여 날 다독이는 소리 알레그로 안단테 춤추는 까치… 임이 그리워 우지지는 휘파람새 그대 짐작이나 할까?

  나는 너를 통해 숨은 세상을 본다. 나의 형상에 와 닿는 천상의 선율 속으로 허브향의 낯선 꽃을 따러 와서는, 열심히 서 너 시간 불고 나더니 자신들이 각자 한 떨기 허브향의 꽃이 된 줄도 모르고, 웃으면서 되돌아가고 있는 저 아름다운 인물화가 생생히 다가오고 있다.

  나는 언제 어디서나 허브오카리나 그녀들을 떠올리면서 살아갈 것이며, 보고픈 그녀들을 만나기 위하여 가끔은 즐거운 행보를 하면서 남은 삶을 살아갈 것이다. 허브오카리나 그녀들 틈에 끼어서 함께 연주할 수 있는 소망의 그날을 위하여, 열심히 오카리나 복습에 게으름을 피우지 않으리라 다짐을 한다.

  나의 청각은 항상 새소리와 물놀이에 머문다. 나의 시각은 온통 사랑의 빛깔에 물든다. 나의 감각은 너를 품은 '아리오곡'의 물새가 된다. 여전히 흥얼거리며 내딛는 내일의 희망이 된다.

  나의 솜씨는 그녀들의 미각을 촉진시키고, 시든 꽃도 피어나게 하는 마술을 배운다. 마음의 상처는 어느새 간 곳이 없고 기름진 텃밭의 새싹이 된다. 서로 마주보면서 어깨를 들썩거린다.

  청각 속에 노닐다간 우정의 토끼가 시종일간 뇌리에서 떠날 줄을 모른다.

  그녀들 눈망울 속에서 반짝이는 눈웃음과 뇌리를 스치는 재치와 손가락들의 민첩함이, 나의 예순 이모작 인생의 들판에 훨훨 흩날리는 눈부신 민들레 홀씨가 되고만 있었다.

  그렇게 길지 않았던 만남과 소통과 상생과 나눔의 시간들을 결코 잊을 수가 없다. 그 사색의 스크린 속에 정말 눈이 부셨던 허브 오카리나의 우정들을 나는 잊을 수가 없다.


  언제 어디서나 그 당시를 품고서 오카리나를 부르면 우울했던 마음은 금방 사라져버리고 항시 희망찬 발걸음의 질주가 된다.

## 💖 죽성바다 언덕에 앉아

   나는 가끔 죽성 마을버스를 탄다. 창가에 기대어 앉아 바퀴에 나래를 달고 나도야 산천의 구름이 된다. 시원스런 들판의 바람이 된다. 흐르는 잎새들 날 훑으며 일상의 탈출이 이토록 싱그럽게 다가온다. 무언가 다 내던져버리는 허공 속으로 훨훨 날아 가 본다.

   봄이면 연녹색 간지러움들 누비며, 여름이면 짙푸른 수목들 헤치고, 가을이면 갈색추억 돌돌 몰아가면서, 겨울이면 쓸쓸히 푸른 바다가 잉잉거린다. 도심을 벗어난 녹색의 향연이다. 들판사이로 나무 그늘사이로 눈은 먼데 하늘을 이고 구름 따라 꼬부랑 산길도 오른다.

   해풍은 말없이 끊임없이 계절마다 불어 와 상큼한 세상 속으로 데려다 주고 있다. 주변 풍경들 서성거리다 어느새 죽성바다 언덕에 앉으면, 얼굴 위 노송은 잔솔가지 흩날리면서 날 해풍에 실어 순식간에 바다로 품어다 준다. 마구 흩날리는 머리카락사이로 오순도순 쑥 캐던 시절이 엊

그제 같은데 다 어딘가로 흘러가 버렸는지...

고향바다 절영도의 그리움이 은빛 물결에 실려서 온다. 바다의 향기에 흠뻑 젖어서 이리 보면 들판 위 미역들 천국이고, 저리 보면 연초록 들판이 손짓하고, 하늘가엔 노송이 너울대면서 반기고 있다.

바다 보고 맞서면 쪽빛 향수가 일렁이는 죽성바다 언덕에 앉아 나만의 그 비밀스러운 세상 속에 빠져든다. 돈으로 살 수 없는 인생의 향기들을 되새기면서 죽성 마을의 흔적을 들추어본다.

죽성은 왜놈들이 임진왜란 때 7년 동안 죽성 항에 배를 정박시켜 놓고서 마치 자기네 땅 인양 성을 쌓았으며, 들락날락 마을 사람들을 괴롭혔던 잔재가 남아있는 곳이다. 아마도 민둥산에 드러난 고목 뿌리들은 그 역사의 흔적을 지켜보았을 것이다. 징용 간 자식을 둔 어버이들은 하염없이 비 눈물을 흘렸을 것이다.

아버지는 고기를 잡으러 새벽 바다로 나가시고, 어머니도 물질로 캐낸 해산물과 조밥 한 그릇도 아껴서 허기진 자식들을 위해 허리띠 졸라매면서 논밭도 일구었을 것이다.

기장 죽성 마을 우리네 산천에 진을 치고서 성을 만들어 놓고 마구 짓밟았던 그 죽성 항구를 우두커니 내려다본다. 영화의 스크린처럼 그 시절을 떠 올려보는데, 마침 세차게 불어오는 강풍은 그 한 맺힌 민족의 절규와 처절했던 삶 속에서, 다 헤어져버린 우리 민족의 자존심마저 휘리릭 휘리릭 몽땅 휩쓸며 스쳐지나가고 있었다. 아! 대한민국의 네 박자소리 들려오고 있었다.

그 당시 유명했던 일본산 전자제품들보다 이제는 우리 대한민국의 전자제품들이 앞서고 있고, 모든 면에서 왜놈들을 앞지르는 게 많아지고 있는 대한민국이 되었다. 세계 10대 경제 대국 속에 어깨를 나란히 하고 있는데다가, 전 세계 이목이 케이 팝의 유명세에 쏠리고 있으며, 올림픽도 열렸으며, 몇 년 후엔 세계동계올림픽도 평창에서 열릴 것이다. 2012년 3월엔 서울에서 '핵안보정상회의'도 열렸다. 전 세계 사람들이 "여수 세계 박람회"에도 우수수 몰려왔다.

똘똘 뭉친 대한민국 사람들의 눈부신 저력이 세계 곳곳에서 그 위용을 쏙쏙 드러내고 있다. 이제는 어깨를 당당히 펴고서 힘차게 세계를 향해 나아가라면서, 죽성바다는 상큼함을 타고서 힘찬 격려의 박수를 마구 후리치고 있었다.

해풍에 살이 오동통하게 오른 싱싱한 쑥 한 아름을 캐면서 서녘 하늘 해 저무는 줄도 모르고 앉아서 심신을 충전하고 있었다. 어서 가서 쑥을 깨끗이 손질하여 방앗간에서 동글납작하게 직접 빚어서 고소한 참기름 살짝 발라 이웃과 오손도손 나누어 먹어야겠다.

죽성바다 언덕에 앉아 나만의 자유를 즐긴다. 바위를 후리치며 솟구치는 파도가 되어서 희망의 찬가를 흥얼거리고 있었다.

- 2012. 5. 1. 기장사람들 연재

## 💕 아름다운 유산

예순 넘은 나이에 아이들을 돌본다. 비가 오나 눈이 오나 바람이 불어도 쉴 새 없이 먹거리들을 나르고 있다. 이제 우리 아파트 옆 라인으로 이사를 왔으니, 마치 내가 아이들을 키우는 엄마가 되고 있다.

왜냐면 먹거리들을 속 나날의 일상이 얼마나 소중한 지 새삼 느끼기 때문이다. 언제나 토끼 같은 아이 셋이 할머니인 나를 기다린다.

작년 여름 내 생일 날 나는 아주 소중한 편지 선물을 세통이나 받았다. 3학년 손자는 한글을 배웠으니 편지 쓰기가 당연했지만, 손녀는 이제 막 유치원을 졸업하고 초등학교 입학을 기다리고 있는 꼬마 숙녀였다. 또 막내는 4살로 어린이 집에 다니고 있었다.

4살 손자는 글씨를 모르니 그림으로서 낙서를 보내면서 '땡큐'라는 영어스티커를 부쳤다. 그런데 6살 손녀는 한글을 깨우치는 중이라 제법 또박또박 5행의 연서를 보내 왔다. 한 번 읽고 또 읽어야만 손녀가 말하려는 마음을 알아차릴 수가 있었다.

"동시에 나는 나는 할머니에 딸이고요. 할머니는 나에 할머니에요. 할머니 사랑해요."

별모양의 그림과 곰돌이 인형 그림 그리고 할머니 그림과 손녀인 자신의 모습을 분홍 편지지에 그려 왔다.

세 명의 편지지를 소중히 창문에 부쳐 놓고서 오늘도 나는 벙긋이 웃는다. 서툰 글씨와 그림이나마 내 창문에서는 늘 무한한 사랑이 피어오르고만 있다.

아무도 그리 쓰라고 가르쳐주지 않았으니 6살 손녀의 "동시에 나는 나는 할머니에 딸이고요…"라는 삐뚤삐뚤한 글씨를 읽고 또 읽으면서 그 순간 왈칵 눈물이 고이고 말았다.

왜냐면 내가 마치 자기들의 엄마인양 그렇게 느끼고 있다는 사실을 할머니인 내게 꼭 전달하고픈 간절한 마음에 그렇게 썼다는 그 진실 때문이다.

되돌아보니 자기들을 낳아 준 엄마인양 나는 10년 세월 넘게 발품을 팔아가면서 정말로 열심히 손자들을 키워왔다는 사실이다. 어떨 땐 엄마가 못 만드는 요리들을 많이도 해 주었었다. 그리고 딸이 직장에 다니느라 손이 못가는 부분을 다 채워 주었기 때문이다.

영양가 있는 음식들과 간식들을 먹여주고 함께 그림공부도 해가면서, 한글도, 숫자공부도 다 손잡고 가르치며 함께 했다. 그림들을 다 그린 여백에는 글자 공부도 가르쳤다. 지금도 스케치북과 색연필 그리고 크레파스 수많은 볼펜들이 수북이 쌓여져 있다. 나는 그 틈새로 꼼꼼히 3명의 육아일기를 두툼하게 기록해 놓았다. 나중에 자신들이 어떻게 길러졌는지 증명할 수 있기 때문이다.

  첫 손자는 돌이 지나서부터 그림을 그리라고 스케치북에 색연필로 손등을 잡고 함께 그리면서 육아를 담당하였던 것이다. 첨엔 우산 별 태양 나무 집 같은 것들을, 돌이 지나면서부터 항상 손을 잡고 함께 그려 왔었다. 세 살 버릇은 여든 까지라는데... 아이 때도 그림 그리기를 좋아라 했었다.

  지금 큰 손자는 자신의 꿈은 화가가 되는 것이라고 말하고 있다. 타고난 재능도 있겠지만, 초등학교 3학년 실력이라기에는 눈이 부실 때가 종종 있었다. 할머니에게 보여 주려고 잘 그려야겠다고 해서 그림이 어디 잘 그려지느냐 말이다. 백 개 정도나 되는 공룡그림은 아마 초등학교1학년 때 부터 척척 그려냈던 꼬마 화가였다. 나중에 7살 때 그린 그림을 청년 때 보라고 육아일기에 모두 붙여 두었다.

  어느 날 부산광역시립미술관에서 주최한 2012년도 초등학생미술 실기대회에서 입선의 상장을 받아왔던 날 나는 그만 그 그림 속으로 빠져들고야 말았다. 주제는 "동물과 노는 나라"였는데 잠자는 사자와 노니는 코끼리 뒤 기린 두 마리와 하늘을 날면서 노래하는 새들과, 사과나무 아래에서 즐기는 거미줄에 매달린 거미와, 나뭇결을 쪼는 딱따구리 새와, 풀섶의 닭과 토끼들 그리고 연못가의 거북이와 뱀장어를 그렸는데 풍부한 상상력에 한참 동물들을 찾으면서, 나는 숨은 그림을 찾는 퀴즈를 맞히는 것 같았다. 정작 본인은 제일 중앙에다 그려놓고서 양 어깨 위 새들과 함께 달리기하는 모습으로 치닫고 있었는데 아니! 이게 웬일인가?....

초등학교 3학년이 어찌 이런 상상을 하였는가? 그냥 평범한 그림이나 그릴 수준인데 말이다. 중앙에다 달리기하는 자신을 그려놓고서 자신의 두 발이 거북이 두 마리가 되어서 신나게 로라 스케이트를 즐거이 타고 있었다. 처음엔 내 눈을 의심해서 보고 또 다시 보았다가 왜 거북이가 신발이냐고 물었더니... 글쎄 거북이도 로라 스케이팅을 타고서 자신과 함께 즐긴다고 했다.

동물과 노는 나라가 주제이면 그냥 동물들을 나열할 텐데 말이다...어깨 위 새들도 자세히 관찰해보니 부리를 삐죽삐죽 신바람 나게 노래하는 형상이었다.

그 기발한 아이디어로 초등학생 800명중에 입선을 하였던 것이다... 그림에 상식이 없는 할머니인 나로서는 그 날 온종일 그 거북이랑 로라 스케이팅을 타면서 즐기고 있는 손자의 그림을 쳐다보고만 있어도 행복의 물레방아가 되었다.

아니 지금도 내내 바라보고만 있다. 두 발아래 거북이 두 마리랑 함께 신나게 즐기고 있다는, 그 기특한 사실 때문에 가끔 칭찬의 용돈을 주고만 싶다.

할아버지께서 "동물학대가 아니니?"하니까 "거북이가 나이가 많아서 제가 안 무거워 같이 즐기고 있어요..."라고 냉큼 대답을 해버려 어른들 고개를 끄떡이게 하였다.

새벽 어스름 산새의 지저귐이 날 깨운다. '할머니...'라는 메아리가 손사래로 나를 부른다. 손자 셋 보러가는 발걸음이 매일 매일 날아만 간다. 그젠 당근 소고기 볶음밥, 어젠 새알 미역국, 오늘은 쑥 청국장을 들고서 12월 초겨울 차가운 새벽인데 내 가슴은 봄날이다.

곤히 잠자고 있는 아이 셋을 살며시 바라본다. 갈지자로 평화로운 사랑스런 강아지들 같다. 동생 배 위에 형아 다리가... 손녀는 이불이 엄마인양 끌어안고 엎드려 잔다. 이 순간을 즐기면서 바라본다. 쑥쑥 커가는 새싹들이다. 속눈썹이 유난히 긴 막내를 지켜보다 어루만지고야 만다. 자다가도 할머니가 온 줄 아는지 피식 미소 짓는 모습에 눈도장을 찍는다.

어린이날이면 양말을 세 타스나 산다. 왜냐면 실컷 신어라고 말이다. 작년 어느 날 4호선 지하철이 운전사가 없기에 신기한 체험학습도 하고, 서면으로 향했다. 딸과 함께 나란히 인형 강아지를 사기 위해서였다. 자신의 취향대로 강아지들을 고르더니 척척 이름을 짓고 있었다.

동생들을 잘 돌보는 첫째는 브라우니, 둘째가 좋아하는 깜둥이 루시, 미미를 꼭 닮은 막내 귀염둥이를 안고 달리고 있었다. 포근하고 따뜻한 강아지 인형들을 끌어안고서 그들은 무한한 감수성을 난발하고 있었다.

나는 관찰일기를 쓰고 싶어졌다. 양팔 가득 감싸며 끌어안는 로댕의 입맞춤이다. 고운 살결 부비는 포근한 애무이다. 저 끝없는 애정의 숨결들을 지켜보았더니 아이들은 저절로 순한 양이 되는 것만 같다.

양털 강아지 선물은 원초적 본능을 자극하고 있었다. 그들은 엄마의 품속으로 달려오는 아가인양 서로 마주보며 눈 맞추는 인형극을 낳기도 한다. 그들은 말을 할 순 없어도 서로 주고받으며 속삭이게 되었다.

엄마의 그리운 젖무덤 속 풋풋한 기러기 울음소리를 낸다. 그들은 소꿉장난 신랑 각시가 되어 포근하고 달콤한 꿈나라 여행을 떠난다. 진주보다 더 영롱한 눈동자로 이 세상 모두를 소유한 표정이 된다. 아! 그대 있어 정말 행복한 세상이다…

어느 날 큰 손자가 학교 갔다 돌아오면서 불쑥 내뱉은 한 마디 "와! 맛있겠다…" 바닥에 놓인 큰 대야에 잠긴 등뼈를 보면서 외쳤다. 언젠가 먹어 보았던 감자탕 속 등뼈를 핥아먹었던 진한 희열이 생각났기 때문이다.

막내 손자는 어린이 집에서 대문을 들어서자 말자 "맛있는 냄새"라면서 킁킁거리더니 내 품에 안긴다. 집안에 가득 찬 음식냄새에 눈웃음치고만 있다. 이 외마디 소리 때문에 아마도 세상의 어머니들은 기꺼이 움직이면서 살아갈 것이다.

봄은 겨울에서 솟구쳐 오르듯… 아이들은 먹이사슬로 솟구쳐 오를 것이다. 문득 북한의 헐벗은 꽃제비들이 가슴을 때리고 있다. 생활이 넉넉지 못하여도, 아무리 고달파도, 세상의 어버이들은 쑥쑥 자라나는 새싹들을 먹이고 교육시키기 위해 어느새 또 다시 털고 일어나서 열심히 바쁘게 살아갈 것이다.

나도 내 시간을 빼앗겨 가면서도 그래도 언제나 너희들 곁에 머무르면서 오늘에 충실하고만 싶어진다. 그래야만 아름다운 유산을 남길 수 있기 때문이다.

## 봄비처럼

　살아생전 어머니처럼 살고 싶습니다. 금요일 오후가 되면 특별한 일이 없는 한 내 발걸음의 향방은 생명을 떠받드는 그 곳으로 향하고 있었다. 오늘도 내 손끝으로 만든 영양음식을 들고 그녀를 기쁘게 하려고 가는 길이다.
　옳은 방향으로 화합하는 나라를 만들기 위하여 자신이 집필한 "이름값 정치"의 끝부분에 손수 찍으신 사진의 해설 "사랑하는 나의 아내, 늘 함께 하지 못해 미안한 마음이다." 쓸쓸이 고개 숙인 아내의 사진 한 장은 항시 내 가슴을 뭉클하게 하였다.
　부산의 둥지를 그리워하는 서울 철새의 정치 인생인 지난 15년 세월의 발자취를 꼼꼼히 더듬어 보았다. 건강한 대한민국의 역사적 책무를 위하여 눈코 뜰 새 없이 바쁜 고군분투 투쟁기인 두툼한 자서전은 뽀오얀 빛을 풍기면서 늘 내 책상 위를 밝히고 있었다.

누가 시키지도 않았다. 나 스스로 그 쓸쓸한 사진 한 장을 위하여 나는 조금만 일을 더하면 되는 것이었다. 기장 들판에 엎드려 캔 쑥을 깨끗이 씻어서 하나하나 다듬어서 또 깨끗이 씻어서 물에 신안 소금을 조금 넣고 살짝 데쳐내어 또 찬 물에 헹군다. 그런 후 냉동실에 무조건 비축해 둔다.

그런 후 어느 날 쑥 수제비를 위한 덩어리를 만들기 시작한다. 얼은 쑥 뭉치를 카트기에 물을 붓고 갈아서 그 물로 우리 일등급 밀가루반죽을 한다. 둥글납작하게 착착 일회용 쑥 수제비를 만들어 함께 나누고 싶은 사람들에게 하나씩 둘씩 쌓였던 반죽 뭉치는 점점 키가 낮아지고 있었다.

게다가 남해산 홍합 말린 것과 줄무늬 표고버섯과 은빛 멸치와 오동통한 건 새우와 다시마를 밀가루처럼 빻은 5가지 보양가루를 한 스푼 물에다 풀고서 맛깔스런 영양 보양식인 쑥 수제비를 끓여먹는다. 그 속에는 애호박도 넣고 감자도 토막으로 넣으며 햇양파와 대파도 조금 넣는다. 국 간장으로 간을 하면 오묘한 쑥 칼국수도 된다. 손으로 뜯어 넣으면 쑥 수제비가 되고 칼로 채 썰어 넣으면 쑥 칼국수가 된다.

지난 몇 년 동안 이렇게 만들어진 쑥 수제비들은 얼마나 많은 사람들에게 행복의 미소를 짓게 하였는지 아는가? 내가 좀 수고하면 건강을 잃었던 사람들이 웃으면서 다가오고, 더 건강하시라고 자꾸만 갖다드리고 싶어졌다. 나 자신도 모르게 하늘나라에서 지켜보시는 부모님들의 발자취를 따르고 있었다. 항상 부모님들께서 무언가를 고운 분홍보자기에 싸서 직접 선물하시는 모습을 보면서 자라 왔었다.

아직 음력 단오가 안 지났기에 쑥을 캘 수가 있다. 나는 뜨거운 5월 그음의 태양을 피해 3시경 들판으로 나갈 것이다. 일곱 시 까지 4시간동안 쑥을 많이 캘 수가 있는 쑥밭으로 오늘도 내 발걸음의 향방이 들길을 오를 것이다.

한 참을 엎드려 쑥을 가위로 자르다보면 내 곁으로 까치도 날아 왔으며 이름 모를 산새들의 합창이 날 다독거리고 있었다. 건강한 들판에서 용감한 작업을 할 수 있으니 나홀로라도 무섭지 않았다. 건강한 사람들은 더 건강하게 수술 환자들에게는 자연 치유를 선물하는 봄날의 쑥은 정말 보약이었다.

나는 신토불이 음식들을 퓨전으로 개발하는데 최선의 노력을 기울이고 있다. 손주 셋을 십년 넘게 양육하다보니 저절로 음식을 오래 먹을 수 있게 하였다. 매실 식초로서 절임을 삼삼하게 하는 방법도 터득하였다.

여전히 오늘도 열흘 동안 숙성시킨 깻잎지와 풋마늘 지 그리고 열무와 부추를 섞은 김치와 청주 쪽파김치와 쑥 수제비를 들고 그녀에게 기쁘게 가고 있었다.

오늘 하루 내 얼룩진 삶의 결망 위로 시원스런 봄비가 내리고 있었다. 마치 나 자신이 만물을 소생하게 하는 촉촉한 봄비처럼 누군가의 가슴을 훈훈하게 적시고 싶어만 진다.

## 나의 어머니

늘 성모상 앞에서 기도만 하시는 어머니가 그립다. 만년에 어머님은 손에 묵주를 놓지 않으셨다. "은총이 가득하신 마리아여 기뻐하소서! 주께서 함께 계시니 여인 중에 복 되시도다…" 무릎이 아파도 늘상 앉아서 기도하시는 모습을 보아왔다.

5년 전 세상을 뜨신 날에는 평범한 하얀 수의 위에 카키색 수도복을 수녀님들 손으로 고이 입혀졌다. 푸른 군단 회원으로 평생을 봉사하며 불우한 사람들을 도와 왔기 때문이다. 아무나 쵸코색 수의를 입지 못한다. 발엔 하얀 꽃버선을 신고 머리엔 흰 국화로 꽃 모자를 쓰시고 천사님들 곁으로 떠나가셨다.

하나도 빼 먹지 않고 지켜본 6남매와 온 식구들과 친지들은 숨 죽여 고개 숙이며 찬송과 기도를 바쳤다. 어찌 잊으리… 그 날의 감격과 잘 살아오신 수많았던 발자취들을…

79세로 삶을 마감한 당뇨 합병증의 귀로에서 수많았던 수술과 진통의 몸부림으로 얼룩졌으나, 당신의 고결했던 헌신과 사랑 앞에서는 절로 고개가 숙여진다.
　남에 대한 지극한 배려의 손길 특히 소흑산도에 수 십 년 동안 아버님과 함께 도움의 손길을 보냈던 사실을 뒤늦게야 알게 되었다.
　수많은 신도들이 줄줄이 하얀 국화 한 송이를 영정에 바친 날도 마침 수요 예배 날이었다. 분명 소중한 그리스도의 삶을 사셨기 때문에 300명의 성스런 하얀 국화 송이들은 수북이 바쳐졌었다.
　그 거룩한 어머님의 삶이 나에게는 얼마나 소중한 흔적인지... 새삼 눈을 감아보다가 기막힌 헌신과 봉사와 사랑의 위대한 삶을 여기에 몽땅 쏟아본다.
　나의 성장기는 폭넓은 어머니의 일생을 통해서 많은 걸 배워왔기에 인격형성에 도움이 컸다고 본다. 나의 어머님의 삶이 우리 3남 3녀의 가슴속에서는 얼마나 소중한 것인지 모른다. 영원한 샘물처럼 출렁출렁 용솟음치고 있을 것이다.
　어머님 등 위에서 마차를 타고 저녁이면 선창가로 향했다. 영도 바닷가 선착장 옆 너럭바위는 흩날리는 파도의 물보라에 찰싹거렸고, 멀리 여수 여객선의 이별의 손수건은 내 어릴 적 詩心의 향수가 된다.
　후려치는 파도의 물거품 속에서 분노를 삭이셨던 어머니... 맏딸의 위치에서 어머님의 삶을 반추해 보면 너무 위대한 한평생이셨다. 지금 반듯하게 살아가고 있는 우리 6남매의 밑거름은 고귀한 어머님의 삶에서 그대로 전이되었다고 생각한다.

저녁놀이 물드는 고향바다를 아이시절 친구들과 수없이 즐겼으며, 우리 형제들은 정말 신바람나는 바닷바람을 가르며 얼마나 많이 달리고 달려 갯바람의 줄기찬 용기를 터득하였더냐? 물수제비는 또 얼마나 많이 떴던가?

오늘의 나를 감수성 많은 인성으로 키워 온 고향의 바다 그리고 나의 어머니 육신은 유한하나 영혼은 무한대의 혼불이 되어 영원히 내 가슴 속에서 살아 꿈틀거리고 있다.

콩나물 한줌을 얼마에 샀고, 시금치 한 단을 얼마에 샀고, 일일이 계산해 돈이 맞을 때까지 앉혀 놓고 따졌던 모진 시집살이를 견딜 수 없어 몇 번이나 바다에 뛰어내리려고 눈물을 흘리셨던 어머니! 나는 그때마다 등 뒤에서 크게 울었노라던 얘기를 가끔 들려주시던, 그 모습을 떠 올리면서 무조건적인 헌신의 시집살이를 느껴 본다.

1928년 진주 진양 정씨 뿌리 깊은 가문으로 마산에서 태어나 해방 즈음 부산의 항구도시인 영도로 시집을 올 때 나이는 17세였고, 내 위의 오빠인 아들을 잃고 우리 6남매를 키운데다, 모진 시집살이와 남항동의 큰 나무전을 운영하신 할아버지는 일제 치하 때 만주로 독립운동을 위해 떠났던 어른이셨다. 말을 타시고 만주 어딘가의 소중한 사진을 보면서 자랐다.

그 당시 꽤 부유한 살림살이로 가게 문을 닫을 때는 돈을 마당 뒤뜰에 묻었다는 말씀이 떠오른다. 그런데도 살림의 자유를 넉넉히 주지 않으셨으며, 밥도 언제나 딴 밥상에서 차려먹었으며, 주로 누룽지만 먹었노라는 옛 이야기를 들으면서 눈시울을 적시곤 했다.

일제 치하에서 한국어는 말살되고 일본말만 배워 오신 어머님은 초등학교만 졸업하셨다. 하나 뿐인 남동생의 공부를 위해 일본사람 집에서 방아를 찧어 주고, 얻은 품삯으로 자신의 배는 고파와도 허리끈으로 졸라매고서, 남동생의 배를 골리지 않게 하셨던 눈물로 얼룩진 얘기는 우리들을 울렸다.

그래서 남동생을 데리고 부산의 큰 나무전 민며느리로 시집을 온 것이었다. 행여 반찬 비를 떼 니어 남동생에게 줄까봐… 감시의 고된 시집살이였다. 삯바느질로 스스로 돈을 모아 하나 뿐인 외삼촌을 야간대학 까지 졸업시켜 부산항 제 8부두에 영어 통역사로 잘 키워 장가까지 보냈으니 얼마나 많은 눈총을 견디셨을까?

어디 그 뿐이랴… 아버지 사촌 형의 이혼으로 그 자식들 5남매까지 키워 냈으니… 분명 자기 자식 6남매도 먹이고 입히고 돌보랴 눈 코 뜰 새 없었을 고된 중노동이었을 텐데… 숙모로서 5남매들까지 보살핀 헌신적인 실천을 보면서 자랐다.

세월이 흘러서는 훌륭히 키운 외삼촌이 8부두의 크레인이 풀려 압사해 벌벌 떨면서 손도 못 되 보고 하늘나라로 보냈으니, 그때 그 누나의 심정은 어떠했으리… 젊은 나이에 파상풍으로 어머니를 여원 사촌인 네 명의 고아로 남겨진 아이들은 이모님과 두 분이 교대로 다 훌륭히 키워냈다.

그 누가 나의 어머니께 표창장 한 번 준 일이 있었던가?

이제 나도 나이 들어 어른이 되고 할머니가 되어, 눈을 감고서 어머니를 떠 올리면서 잠이 들 때면 아무리 힘들어도 다 견딜 수 있는 저력이 샘솟는 것 같다. 도합 몇 명의 아이들을 성장시켰는지 더해보고 또 더 해 본다. 15남매를 먹이고 입히고 헌신으로 삯바느질까지 해가며 잘 성장시켰으니 말이다.

학창시절 난 어머님께 한글 맞춤법을 가르쳐 알게 하였다. 어느 날인가 직접 지었노라며 성서의 구절을 시로 엮어 찬송 곡 하나를 보여 주셨다. 그 노래는 복사하여서 수녀님들도 부르셨고, 신자들도 즐겨 부르게 되었을 때 어머님은 너무 행복해 하셨다.

어머님께 처음으로 칭찬을 드리며 나란히 어머님 창작곡을 불렀을 때가 엊그제 같은데 지금 나의 어머니는 내 곁에 없다.

그러나 그때 성모님께 바쳤던 어머니의 시 한편이 일제 치하에서 한국어가 말살된 피해자로서, 떠듬거리면서 책을 읽어야만 했었던 한 맺힌 역사 속 한 여인의 기도 가사로 탄생 되어서, 길이길이 은총의 노래로 수녀님들께서 부르시고 계신다.

성모님께 바치는 기도가 지극하여 시를 지으신 어머님의 찬송가는 고결하신 수녀님들에 의해 불려지고, 나의 어머니를 사랑했던 수많았던 여인들의 가슴 속에서 길이길이 영롱하게 머물러 있다는 사실... 지금도 그때 그 어머님 친구 분들과 수녀님들과 손에 손잡고 부르시던 성스러운 그 기도 가사를 잊을 수 없다. 아니 평생을 살면서 어찌 잊겠는가?

그 시절 언어말살정책은 어머님세대를 까막눈으로 몰았었다. 한글은 전혀 몰랐고 배울 틈도 없이 속박된 삶을 살아 오시면서도, 처절한 나라 잃은 설움을 견디시며 힘찬 모성애로 자식들을 잘 키워 오신, 어머님시대 모든 대한민국의 위대하신 어머님들께 존경의 박수를 보낸다.

그리고 지금도 그 누굴 위해 묵묵히 봉사하면서 헌신의 삶을 실천하면서 살아가고 있는, 무수한 대한민국의 어머님들께 용기에 찬 삶을 살아가시라고 힘찬 격려의 마음을 전한다.

오늘의 케이 팝의 아이돌이 다 이렇게 잉태된 자랑스러운 모성애의 나라, 대한민국 어머님들의 저력이라는 사실을 우리는 다시금 인식하여야만 한다.

일본 말 밖에 안 배웠으니 너희들 영어노래처럼 나도 일본 노래는 잘 부른다... 하시면서 자식들 앞에서 뽐내어 곧잘 부르시던, 환한 미소의 그 어머님! 기도소리로 새벽을 알리셨던 그 자애로우신 묵주기도의 여명이 밝아오고 있는 것만 같다.

**나의 어머니가 사무치게 그립다.**

## 어느 화가의 답신

무엇인지? 소중한 택배를 받게 되었다. 왜냐면 "절대로 구기지 마시기 바랍니다."라고 적혀 있었기 때문이다. 나는 두근거리면서 조심스레 큼 직한 소포 봉투를 펼치고 있었다. 난생처음 받아보는 보라색꽃 그림 한 폭이 들어있었다. 알뜰한 편지와 함께...

"장미라는 이름으로" 시집을 읽고서 맑은 영혼을 갖고 계시는 훌륭한 송다인님께! 안녕하셔요? 어쩌면 그렇게도 내 가슴 깊이 와 닿는 글을 잘 쓰셨는지요? 인생은 짧고 예술은 길고 영원하며 작가들에겐 정년이 없는 것이니 일상에 바쁘셔도 더욱 좋은 글을 많이 쓰셔서 어둡고 믿지 못할 요즈음의 세상 풍경화에 밝은 등불이 되어 주시옵고 훌륭한 시인 이 되시도록 끝까지 격려와 응원을 아끼지 않겠습니다. 힘든 일 있으시 면 기운내시구요 서로 보듬고 아껴줘도 짧은 인생입니다. 살아 숨 쉬고 움직이는 것에 감사하면서 행복을 창조하며 남은 인생 건강하게 행복하게 살아가시고 님의 가정에도 축복을 드리며 행복이 가득한 가정되시길 기도하면서 부족한 글 마칩니다. 항상 건강하고 행복하소서. 안녕히 계세요"라고 적힌 편지였다.

  봄날 어느 날 내 나이 예순 넘도록 살면서, 누군가로부터 이런 극진한 편지와 자신이 그린 그림 한 점을 선물로 처음 받았으니, 내 마음은 내내 두근거리고 있었다. 유화로 그린 보라색 잔잔한 꽃송이들은 마치 제비꽃들의 축제 같았다. 나는 너무도 소중한 어느 화가의 그림 한 점을 들고 영구히 보존하기 위해서 문구점에 코팅을 하러 갔다. 그랬는데 친구들은 코팅을 하면 그림의 생명이 없어지는 것 같다며 충고하였다.
  나는 너무 감동을 받아서 나날이 행복감에 가득 차 있었다. 글을 좋아하시니 보답으로 다음 시집과 함께 올 봄에 발간된 "인연을 쏘다"와 2권을 부쳤다. 그랬더니 이번엔 겨울 산의 앙상한 나무 가지들이 우수수 그려져 있는 귀한 유화 1점이 또 부쳐져 왔다. 나는 절대로 코팅을 하지 않고서 파일에 싸서 소중히 보관하고 있다.
  밥을 먹지 않아도 배가 부른 것 같았다. 마치 겨울 산의 헐벗은 나무들은 서로 서로 의지하면서 연리지처럼, 그렇게 살아가고 있는 따스한 그림 앞에서 난 정말로 작가가 된 내 삶에 긍지를 느끼게 되었다.
  십년 전 마산 어느 감옥의 죄수로부터 편지 겉봉에 사서함 몇 호가 적힌 두툼한 편지를 받고서 얼마나 두근대는 마음의 감동이 있었는데... 그 때의 감동보다는 몇 배나 큰 감격으로 내 글쓰기의 삶을 빛내고 있는 것 같았다.

내 체험과 느낌의 소용돌이만 써 왔는데 앞으로는 남의 아픔과 이웃의 소리에 귀 기울이면서 그들의 가슴에 감동을 심어 주는 글을 쓸 것이며, 내일의 희망과 용기를 가지도록 생동하는 창작에 전념하기로 다짐하였다. 열심히 정말로 열심히 하루하루에 최선을 다 하다 보니, 나의 손에는 늘 물이 젖어 있다. 그러고 보니 외출할 때와 글 쓸 때와 잠 잘 때를 빼고는 늘 음식을 위해 애쓰는 나의 자화상을 보게 되었다. 나는 오늘도 냉장고에 잘 숙성된 여수 돌산 갓김치를 누군가에게 갖다 주려고 담고 있으니 말이다. 맛깔난 음식을 이웃과 함께 맛있게 나누는 삶이 나의 일상이 되고 있었다.

나의 일상처럼 나는 어떻게 글을 쓸 것인가? 눈을 감고서 마음과 영혼으로 글을 쓸 것이다. 나의 시와 수필 속에는 그들의 눈빛 속에서 발견되는 눈동자의 표류를 체크하면서 글을 쓰고 싶다.

아무리 삶이 고되고 힘들어도 나의 글을 읽고서, 희망과 용기를 얻을 수 있다면 그 보다 더 큰 영광이 어디에 있겠는가? 나는 두 화폭을 어루만지면서 작년에 발간된 시집 "가만히 너를 즐긴다"를 봉투에 답신과 함께 담고 있었다. 삶에 지쳐 힘들 때면 독자들의 아낌없는 성원이 나를 일으켜 세우고 있었다.

진정 내일의 청정수가 되고만 있다.

### 서평

## 송다인(송경자)의 작품세계
― 이철호(문학평론가, 새한국문학회 이사장, 시인, 수필가, 소설가)

# 활기찬 생명의 숨결이 넘치는 수필,
# 묵은지 같은 깊은 맛이 우러나는 문학세계

시인이자 수필가인 송다인이 그의 첫 수필집으로 내놓은 『하늘은 나에게』로에는 그의 다양한 삶과 폭넓은 사상思想이 그대로 응축되어 있는 50여 편의 수필작품들이 실려 있다.

이 수필 작품들을 하나씩 꼼꼼히 살펴보면서 모두가 다 하나같이 깊은 관조와 상념의 여과 과정을 거쳐 정제精製되었으며, 문학성 또한 뛰어나고 품격 있는 수필들로 가득 채워져 있다는 생각이 들었다.

그만큼 그는 작품 하나하나마다 혼신의 힘을 쏟는 작가이며, 허투루 글을 쓰는 법이 없다. 글쓰기에 있어서의 적당주의는 스스로 용납하지 못한다.

때문에 그의 작품에서는 치열한 고뇌를 통해 직조된 촘촘한 구성과 주제에 가장 적합한 절묘한 언어의 선택, 끊임없이 갈고 닦은 글의 예술성이 느껴진다. 그러면서 이제 막 피어난 꽃의 향기와도 같은 신선한 향취도 물씬 풍겨 나온다.

아울러 봄이 얼어붙었던 대지를 소리 없이 녹이며 따사로운 생명의 숨결을 불어넣어 주듯이 이 작가의 수필에서는 얼어붙었던 우리들의 마음속에까지도 활기를 불어넣어주는, 활기차고도 왕성한 힘 또한 발산된다.

작가가 전하는 이야기들 속에는 옛 추억들에 관한 것들도 많은데 작가는 자신의 가슴속에 깊이 간직해 두었던 오래된 풍경들을 하나씩 끄집어내어 아름다움과 그리움, 애틋함으로 정성껏 채색하여 풍경화처럼 보여 준다. 읽으면 읽을수록 묵은지 같은 깊은 맛도 난다.

「쑥개떡」에서 작가는 어느 이른 봄날, 들에 나가 캐온 쑥으로 만든 쑥떡을 가까이 사는 이웃은 물론 멀리 떨어져있는 지인들과도 함께 나누어 먹는 기쁨을 그려내고 있는데, 작품 곳곳에서 작가의 나눔의 정신과 따스한 인정이 넘쳐난다.

쑥개떡은 우리 민족이 예로부터 즐겨 해 먹던 음식으로서 민간에서는 흔히 '개떡'이라는 이름으로 많이 불려 왔으며, '수릿떡'이라고도 불렀다. 특히 옛날에는 음력 5월 5일, 그러니까 단옷날이 되면 산야에 나가 쑥잎 뜯어다가 짓이긴 후 멥쌀가루와 잘 섞어 둥글넓적하게 만든 떡을 먹는 풍습이 있었는데, 이 떡이 바로 '수리치떡' 혹은 '쑥개떡'이란 것이다.

또한 옛사람들은 더위가 막 시작할 무렵인 단옷날에 수레바퀴 모양의 수리치떡이나 쑥개떡 같은 것을 먹게 되면 대자연의 좋은 기氣가 보충되어 다가올 여름철에도 원기를 잃지 않고 수레바퀴가 술술 잘 굴러가듯 무난히 여름을 넘길 수 있다고 여겼다.
　더욱이 쑥은 예부터「백병을 구한다」는 말이 있을 정도로 우리 인체에 여러모로 유익한 식품이며 특히 여성들에게 생기기 쉬운 각종 부인과 질환을 예방 및 퇴치하는 데에 아주 좋은 약초다.
　쑥에 관한 이러한 유래와 그 효능을 잘 알고 봄이 되면 쑥으로 쑥개떡을 만들어 이웃과 지인들에게 보내는 작가의 마음이 봄바람처럼 따사롭게 느껴진다.

「내장산 단풍」은 오색 단풍이 절정을 이루고 있는 내장산에서 보고 느끼고 생각하며 체득한 것들을 유려한 필치로 그려낸 수필 작품이다.
　특히 작가는 아름답고 화려했던 모습을 뽐내던 단풍들이 바람에 흩날려 떨어지는 모습을 보면서 그것이 인간의 삶의 모습과도 같다고 느낀다. 즉 새 생명으로 이 세상에 태어난 인간은 아름답고 화려한 청춘기를 거쳐 죽음을 준비해야하는 노년기에 이르게 되는데, 만산홍엽滿山紅葉을 이루고 있던 단풍들이 낙엽이 되어 떨어지는 풍경을 바라보면서 작가는 언젠가는 누구에게나 어김없이 닥치게 될 죽음의 의미를 깊이 되새겨 보고 있는 것이다.
　하긴 바람에 흩날리며 떨어지는 저 낙엽들 앞에서 어느 누가 감히 고개를 바짝 쳐들 수 있으랴.

  단풍의 아름다움과 화려함. 그러나 이에 대비하는 낙엽의 허망한 모습을 통해 삶과 죽음의 의미를 살피는 작가의 성숙된 의식이 돋보인다.

  「영도다리」는 작가의 고향인 부산 영도에서의 온갖 추억들을 수필로 형상화한 작품으로서 작가의 뇌리와 가슴속에서 잊히지 않고 현재까지도 그대로 살아 숨 쉬고 있는 옛 추억들이 생동감 있게 묘사되어 있다.

  바다 냄새 물씬 풍기는 곳에 위치한 영도다리와 그 주위의 아름다운 모습들과 딸랑딸랑 울리는 신호음과 함께 영도다리가 삐거덕거리며 올라가 마치 물구나무를 서는 듯한 모습, 그리고 그 시절에 영도다리 일대에서 친구들과 어울려 깔깔거리던 추억 등 작가의 가슴속에서 쏟아져 나온 고향의 풍경들 옛 추억들을 감상적인 언어로 노래한 이 작품이 읽는 이들의 심금을 울리며 잔잔한 감동을 불러일으킨다.

  또한 이 작품에서 작가는 영도다리를 향해 〈영도다리야! 너는 날 시인으로 키운, 내 어머니의 젖가슴이다〉하고 외치고 있는데, 어머니의 젖가슴처럼 포근하고도 자애로운 영도다리의 모습이 위대해 보인다.

  「눈이 행복한 봄날」을 통해 작가는 봄날의 아름답고도 다양한 절경들을 보여주고 있다. 그러면서 봄이 되면 눈은 물론 마음까지도 행복해진다고 고백하고 있다.

  사실 춥고 음산한 겨울을 지나 봄이 찾아오고, 겨우내 얼어붙었던 삼라만상森羅萬象의 모든 것들이 기지개를 길게 켜며 꿈틀거리는 봄은 그 자체만으로도 경이롭지만, 이와 함께 우리에게 새 희망도 선사한다.

게다가 이른 봄에 피어나는 매화를 비롯해서 샛노란 산수유와 개나리, 분홍빛의 진달래, 그리고 유채꽃, 벚꽃, 살구꽃, 산철쭉, 동백꽃 등 온갖 봄꽃들이 앞 다투어 피어나 꽃들의 향연을 벌인다. 때문에 이런 멋지고 향기로운 꽃들의 향연 속에서 봄을 만끽하는 작가의 눈은 너무도 즐겁고, 그런 속에서 행복감을 느끼지 않을 수 없는 것이다.

봄과 더불어 봄을 즐길 줄 아는 작가의 마음이 무척 여유로워 보인다.

「와아아... 아하...」는 밤새 눈이 많이 내린 것을 보고 느낀 상념들을 진솔하게 그려낸 수필인데, 마치 어린이와도 같은 순수함이 넘쳐난다.

비단 이 작가뿐만이 아니라 우리는 흔히 밤새 눈이 많이 내린 날 아침 자고 일어나 보니 잿빛이던 세상이 갑자기 환해져 있는 것을 보면 마음이 환하게 밝아진다. 그러면서 왠지 마음이 조금 설레며 동심童心으로 돌아간다. 설령 나이가 들었어도 다를 바 없다.

이 작품 속에 묘사된, 온통 눈으로 뒤덮인 새하얀 풍경이 눈에 저절로 떠오른다. 가지마다 송이 눈을 가득 이고 있는 나무들의 탐스럽고도 정겨운 모습과 눈을 흠뻑 맞은 채 서 있는 소나무들의 고고하고도 다복스러운 모습도 눈에 보이는 듯하다.

「성지곡 숲길로 숲속으로」에서 작가는 계절에 따라 각기 다른 옷으로 갈아입고 아름다움을 뽐내는 성지곡 숲속의 풍경들을 섬세한 필치로 스케치하듯 그려내고 있는데, 특히 숲속에서 하나가 되어 누리는 기쁨과 함께 숲속에서의 행복감과 편안함이 잘 묘사되어 있다.

우리 인간은 아주 오랜 옛날부터 물고기가 물속에서 살듯이 숲 속에서 자연과 더불어 살아왔다. 그래서 숲은 우리 인류의 고향과도 같은 곳이며, 우리 인간은 본능적으로 본향本鄕과도 같은 숲에서 살고 싶은 열망이 마음속에 잠재되어 있다.

또한 숲은 고된 세상살이에 지친 우리의 몸과 마음을 어머니처럼 위로해주고, 마음을 차분하게 가라앉혀 주며, 활력 또한 불어넣어 준다.

때문에 작가 또한 숲속에서 본능적으로 기쁨과 평화, 행복감과 편안함을 느낄 수밖에 없는데, 작가의 이러한 마음들이 이 작품을 통해 숲속에 있는 수많은 나무들에서 뿜어져 나오는 피톤치드처럼 힘차게 뿜어져 나온다.

자신과 주위의 모든 것들에 대한 깊은 응시와 부단한 자기성찰 그리고 문학적 수련을 게을리 하지 않고 끊임없이 노력하며 하루하루 전진해 나가는 작가 송다인의 첫 수필집 『하늘은 나에게』가 우리 수필 문학의 새로운 지평을 열며 많은 사람들의 가슴속에 큰 울림으로 파고들었으면 한다.

「이 도서의 국립중앙도서관 출판예정도서목록(CIP)은 서지정보유통지원시스템 홈페이지(http://seoji.nl.go.kr)와 국가자료공동목록시스템(http://www.nl.go.kr/kolisnet)에서 이용하실 수 있습니다.(CIP제어번호: CIP2016008683)」

송다인 수필집
# 하늘은 나에게

인쇄일 | 2016년 4월 8일
발행일 | 2016년 4월 15일

지은이 | 송다인
펴낸이 | 최장락
펴낸곳 | 도서출판 두손컴
주　소 | 부산광역시 부산진구 부전로 35, 301호(부전동, 삼성빌딩)
전　화 | (051)805-8002 팩스 : (051)805-8045
이메일 | doosoncomm@daum.net
출판등록 제329-1997-13호

ⓒ송다인 2016
값 12,000원

ISBN 979-11-86005-52-1 03810

• 저자와 협의에 의해 인지를 생략합니다.
• 잘못 만들어진 책은 바꾸어 드립니다.